KB114395

이기는
지키는
넘어서는
K반도체

글로벌 반도체 패권 전쟁에서
살아남기 위한 대한민국 초격자 유지 전략

이기는
지키는
넘어서는

K 반도체

최수 지음

WINNING
SUSTAINING
DOMINATING
K-SEMICONDUCTOR

Angle Books

글로벌 반도체, 거대 게임이 시작되다

한때는 석유가 세계적인 그랜드 게임의 대상이었지요. 1970년대 두 차례의 석유 파동을 거치면서 원유 확보를 둘러싸고 미국을 포함한 선진국들과 원유를 보유하고 있는 OPEC 국가들 그리고 그 사이에서 메이저라고 불리는 석유 회사들이 거대한 게임을 벌였습니다.

석유의 중요성은 여전하지만, 지금은 반도체가 석유보다 더 전략적인 상품이 된 것 같습니다. 그렇게 된 것은 사실 1년밖에 되지 않았는데요. 2022년 여름에 미국이 반도체법을 통과시키면서 중국에 대해 첨단 반도체 장비와 기술의 수출을 금지시켰기 때문입니다. 미국 정부는 최근에 반도체와 양자 컴퓨터 및 AI를 3대 전략 산업으로 정하고, 이들 산업에서 중국의 추격을 늦추려고 하고 있습니다.

반도체는 글로벌 공급망이 고도로 발달된 산업입니다. 디자인, 제조, 포장과 검사, 부품과 소재, 장비와 기술 등 가치 사슬의 여러 단계마다 특화된 나라와 기업 들이 제각각 역할을 하고, 이게 다 모여서 거대한 공급망이 형성되고, 더불어 다양한 시장이 형성되지요. 사실 매우 효율적인 글로벌 산업입니다. 그런데 이제 미국이 나서서 이 공급망을 분리시키려고 합니다. 미국 내에 반도체 자급 능력을 키우기 위해서 대대적인 투자를 하고 있고, 일본도 다시 반도체 산업을 일으키겠다고 정부가 적극 나서고 있습니다. 최근에는 독일도 새로운 투자 계획을 발표했습니다. 중국도 결코 가만히 있지 않습니다. 중간 기술 반도체의 생산을 늘리고 있고, 자체 반도체 생태계를 만들고 있으며, 반도체 장비의 국산화율도 대폭 늘리려고 막대한 투자를 진행하고 있습니다.

반도체 제조의 핵심 국가인 한국과 대만도 시장 위치를 유지하기 위해서 적극 나서고 있습니다. 삼성전자는 경기도 용인에 세계 최대 반도체 단지를 건설하고 있으며, 향후 8년간 여기에 300조 원에 달하는 설비 투자를 하겠다고 발표했습니다. 경기도 이천에서는 SK하이닉스의 대단위 반도체 클러스터 건설을 위한 토목 공사가 한참 진행 중입니다. 대만은 세계 제1의 파운드리 기업인 TSMC와

3위 기업인 UMC 등이 중심이 되어서 마찬가지로 거대한 투자를 하고 있습니다. 앞으로 10년 동안 전 세계적으로 반도체에 새로 투자되는 규모는 쉽게 1000조 원에 달할 것 같습니다. 글로벌 반도체, 거대 게임이 이제 막 시작되고 있습니다.

이런 와중에 반도체 산업에서 오랫동안 종사하여 이론과 실무를 겸비한 분이 책을 내시게 되어서 의미가 큽니다. 최수 회장은 1984년부터 20년간 SK하이닉스에서 기획, 영업과 국제 협력 분야에서 일하신 분입니다. 특히 IMF 직후에는 SK하이닉스의 구조조정본부장으로 일했습니다. 제가 원장으로 일하고 있는 제이캠퍼스에서는 작년에 한국 기업과 경영의 특징을 체계화하기 위해서 K-Management 연구를 시작했습니다. 이 연구의 일환으로 최수 회장이 '한국 반도체 산업의 성장과 기업 경영 모델'이라는 제목의 보고서(연구 보고서 제14호, 2023.2.27. 발간)를 쓰셨는데요. 한국 반도체 산업의 역사를 잘 기록하고 있습니다.

한국의 경제 발전은 일반적으로 추격catch-up의 과정으로 알려져 있습니다. 이 추격 과정은 보통 OEM-ODM-OBM으로 표현하며, 가치 사슬의 확대 과정입니다. 그러나 메모리 반도체는 추격을 넘어 선진 기업을 추월한 경우입니다. 그런 의미에서 한국 기업의 새로운 가능성을 보여 준 것입니다. 이미 디스플레이나 전기차 배터리 같은 여러 다른 산업에서 한국 기업은 세계적으로 리더의 위치에 서 있습니다. 이러한 한국 출신 세계적인 기업의 선두에 반도체 기업이 서 있으며, 이것이 K-Management 연구에서 반도체 산업이 매우 중요한 이유입니다.

반도체 산업은 이제 막 세계적인 거대 게임이 시작되고 있는 전략적인 사업이며, 동시에 한국에게는 세계를 선도하는 대표적인 산업입니다. 그런 만큼 반도체 산업에 관련된 책이 나와서 담론의 격이 높아지는 것은 아주 바람직한 일입니다. 한국 반도체 산업의 산 역사인 최수 회장의 책 출간을 축하드리며, 이 책이 널리 읽히기를 바라 마지않습니다.

2023년 6월 28일
제이캠퍼스 대표 정구현

WINNING
SUSTAINING
DOMINATING
K-SEMICONDUCTOR

'진검승부의 시대'에
들어서며

　한국의 반도체 산업은 1983년 삼성전자 이병철 회장의 도쿄 선언 이후 본격적으로 시작되었습니다. 이병철 회장은 당시 반도체 강국인 일본의 한복판에서 삼성전자의 반도체 산업 참여 및 육성 계획을 천명했습니다. 이러한 선언을 두고 그 당시 많은 전문가가 무모한 도전이라 단정 짓고 심히 염려했지만 50여 년이 지난 지금, 세계는 한국을 반도체 강국으로 인정하고 있습니다.

　한국은 세계 시장의 치열한 경쟁을 뚫고 독보적인 기술을 개발하며 반도체 산업을 성장시켜 왔습니다. 이러한 시장 지향적 경쟁은 빠르게 한국 산업의 체질을 바꿔 놓았고, 한국 경제는 매우 치열한 기술 경쟁을 뚫고 성공을 거두며 첨단 기술 대국으로 재탄생했습니다. 그 과정을 통해 첨단 기술 산업에서 세계를 주도하려면 산업 전반에 대한 강한 자신감, 첨단 기술 산업을 끌어가는 경영 능력, 과감한 투자 결정이 필수적이라는 점을 경제 DNA에 각인시킬 수 있었습니다.

반도체 산업은 바로 이런 점에서 한국 경제에 크게 이바지했습니다. 그리고 반도체 산업의 선순환은 한국 경제의 전반적인 약진에 기여했고, 외환 수지에도 긍정적인 영향을 끼쳤습니다.

하지만 시대의 흐름에 따라 시장은 변하고, 산업도 변하고 있습니다. 미국 등 선진국들은 반도체 산업의 중요성을 뒤늦게 깨닫고 막대한 국가 예산을 쏟아부으며 반도체 산업을 정책적으로 육성하고 있습니다. 그리고 국가 간, 기업 간에 전략적 협력 관계를 추구하며 블록화에 힘쓰고 있습니다. 이제껏 기업 간의 경쟁이었던 반도체 시장은 정부들의 적극적인 참여로 인해 역학 관계가 달라지면서 새로운 국면에 봉착하게 되었습니다. 각국 정부의 노력이 현실화되고 정부가 시장 참여자로 등장하면서 공급이 크게 강화되는 것은 물론 반도체 시장 자체가 심하게 요동칠 위험에 노출되었습니다. 반도체 산업의 게임 규칙이 달라지고 있습니다.

이러한 상황은 한국 반도체 기업들의 위상을 흔들 수 있습니다. 또한 이런 일이 발생한다면 많은 부정적인 파장이 한국 경제를 덮칠 것으로 예상됩니다. 그로 인해 우리는 다음과 같은 궁극적인 질문에 도달하게 됩니다.

"한국 반도체 산업은 어떻게 해야 지금처럼 세계 시장에 군림할 수 있을까?"

이 책은 바로 이에 대한 해답을 모색하는 과정에서 출발했습니다. 그리고 제 답을 요약하자면 다음과 같습니다.

우선 한국 반도체는 메모리 반도체의 세계적인 위상을 굳건히 지켜내야 합니다. 그러는 한편 시스템 반도체는 선택이 아닌 필수 반도체 분야라는 점에 유념하여, 반도체 강국이라는 지위를 꾸준하게 유지하기 위해 두 분야 모두에서 최선을 다해야 합니다.

이를 위해 기업과 정부는 적극적으로 협력하면서 선진 기업들 및 선진국들과 전략적인 연합을 추구하고, 사회적으로는 친親반도체 분위기를 조성하면서 반도체 강국의 핵심 요소인 고급 기술 인력을 주도적으로 양성·공급해야 합니다.

저는 1983년부터 2003년까지, 20년간 SK하이닉스에서 재직했습니다. 그리고 그 시간 동안 일선 현장에서 관리자로서, 경영진으로서 한국 반도체 산업의 좌절과 성장을 속속들이 경험했습니다.

사업 계획의 수립, 현장 생산 관리, 영업, 기술 전략, 반도체 회사의 인수 합병 및 매각, 미국과의 치열한 반덤핑 분쟁 그리고 혹독한 구조 조정이라는 업무 등을 두루 치열하게 겪어 냈습니다.

비록 편견과 오류의 위험이 없진 않겠지만, 이제까지의 경험과 지혜를 바탕으로 반도체 산업의 속성과 한국 반도체 산업의 경쟁력을 객관적이고 애정 어린 시각으로 규명하고자 노력했습니다. 그리고 이에 근거해서 성장 방안을 정립하는 데 기여할 수 있다면 그간 가져온 사회적 부채감을 조금이나마 덜 수 있지 않을까 생각했습니다.

이 책에는 반도체 산업의 경험을 넘어 첨단 기술 산업을 어떻게 육성시켰는지, 반도체 산업이 가진 핵심 경쟁력의 원천은 무엇이며 어떻게 세계화했는지, 앞으로 어떻게 반도체 산업을 전략적으로 경영할 것인지, 현재와 같은 세계적 위상을 어떻게 지속적으로 유지·발전시킬 것인지에 대한 고민이 담겨 있습니다. 바라건대 한국 반도체 산업의 과거, 현재 그리고 미래에 관심과 염려를 가진 분들에게 이 책이 좋은 안내서가 되길 바랍니다.

개인적으로는 반도체 기업에서 근무한 20년 경험과 그 후 중소 기업을 창업하여 중견 기업으로 성장시킨 20년 경험의 바탕이 된 경영 철학들을 정리할 수 있어서 큰 다행이라고 생각합니다. 그리고 이번 기회를 통해 사회적 삶과 개인적 삶이 더욱 균형적으로 발전할 수 있게 된 것 같아 마음의 체증이 해소된 기분입니다. 이 기회를 통해 집필에 도움을 주신 많은 분에게 감사드립니다.

이 책은 제이캠퍼스를 운영하는 정구현 대표님의 기획 지도하에 여섯 분의 경영학자들과 두 분의 기업가들이 연구 강의한 K-Management에 관한 연구 보고서 여덟 편 중 다섯 번째인 '한국 반도체 산업의 성장과 기업 경영 모델'을 기초로 하여 출간되었습니다. 질 좋은 연구 보고서가 나올 수 있도록 많이 지도해 주신 제이캠퍼스의 정구현 대표님과 이은미 박사님께 감사드립니다. 특히 각 장의 핵심 내용을 질문으로 뽑아 독자들의 관심과 이해도를 높이면서 책으로 엮는 동안 많은 도움을 주신 앵글북스의 강선영 대표님과 직원들, 기꺼이 조언해 준 친구 김규영 박사, 진홍용 박사, 이영환 박사, 정경영 박사 그리고 채희묵 전 대기자에게도 깊은 감사를 드립니다.

PAST   K 반도체의 어제를 돌아보다

한국 반도체 산업은 치열한 경쟁 속에서 끝없는 성장을 거듭하며 세계 반도체 산업을 주도하는 위치에 올랐다. 특히 메모리 반도체 분야에서는 세계 시장의 70%를 점유하고 있다. 이처럼 높은 세계적 위상은 40여 년 만에 이룬 쾌거이다. 그렇다면 과연 무엇이 한국을 이런 독보적인 지위에 올려놓았을까? 이를 위해 우리는 K 반도체의 역사를 통해 산업의 특성과 성공 요소에 대해 우선 살펴보고 해답을 찾고자 한다.

PRESENT   K 반도체의 오늘을 진단하다

지금 선진국들은 국가 주도하에 반도체 산업 관련 핵심 정책들을 수립하고 수행하는 한편, 뒤처진 자국 반도체 산업을 육성하기 위해 국가 간 협력과 동맹을 맺으며 배타성을 가미한 블록화를 추진하고 있다. 세계적인 기술 주도력을 선점하고 있는 한국의 관점에서 보면 이는 매우 심각한 도전이며, 심사숙고를 통해 이후 전략을 선택해야 하는 상황이다. 여기서 우리는 한국의 반도체 위기를 만드는 구체적인 요인을 파악하고 한국 반도체 산업의 지속적 성장을 위한 현실적인 방안을 모색한다.

FUTURE   **K 반도체의 내일을 예측하다**

AI의 부상으로 반도체 시장은 시스템 반도체가 주를 이루는 시장으로 변해갈 것이다. 다행인 것은 시장이 단순한 시스템 반도체가 아니라 메모리 기능과 기술이 내재된 메모리성 시스템 반도체 시장으로 변해간다는 것이다. 이것은 한국 반도체 산업에 큰 기회일 수 있다. 메모리 기능이 주류가 되어 시스템 반도체가 개발될 것으로 예측되기 때문이다. 한국의 반도체 산업은 이러한 AI 반도체 시장의 발전 방향과 상황을 철저하게 이해하고 변화하는 반도체 시장의 니즈에 적절하게 대응해야 한다.

WINNING
SUSTAINING
DOMINATING
K-SEMICONDUCTOR

PAST

K 반도체의
어제를 돌아보다

Q. 현재 상황을 더욱 확실하게 파악하고 앞으로 나아가려면, 우선 과거를 잘 들여다봐야 한다고 말씀하셨습니다. 본문에서 다시 언급하시겠지만, 세계 반도체 시장을 선점하고 있는 K 반도체의 시작에 대해 간단히 소개 부탁드립니다.

A. 한국의 반도체 역사는 1965년 미국의 코미Commy사가 고미 반도체를 설립하면서 시작되었습니다. 1966년 시그네틱스, 1967년 모토롤라, 1968년 아남산업, 1969년 금성사와 한국전자 등이 외국 기업들의 반도체 하청을 맡았습니다. 당시 아남전자는 반도체 패키징으로 전체 반도체 시장의 40%를 점유했습니다.

1974년에는 미국 모토롤라 반도체 연구소에서 생산 기술을 연구했던 강기동 박사에 의해 한국 최초 전공정Wafer Fab 반도체 기업인 한국반도체韓國半導體가 설립되었습니다. 한국반도체는 한국 최초로 CMOS[1] 기반 반도체 칩을 제조하려 했지만, 재무적인 어려움으로 인해 창업 당해연도에 이건희 회장에게 인수되었습니다. 그 후

---

1   Complementary Metal-Oxide-Semiconductor: 시모스, 집적 회로의 한 종류

3인치 웨이퍼를 가공하여 시계용 반도체를 생산했는데 상당한 성공을 거두었습니다. 이를 통해 반도체 산업에 대한 자신감을 얻은 삼성전자는 1978년 3월에 한국반도체를 삼성반도체로 사명을 변경했습니다. 그리고 1983년 이병철 회장은 도쿄 선언을 통해 반도체 사업에의 진출을 전 세계에 천명했습니다. 도쿄 선언 후에는 세계에서 세 번째로 64K D램 개발에 성공했다고 발표했습니다.

그리고 삼성반도체에 자극을 받은 금성사는 대한반도체를 인수하고, 3인치 웨이퍼 프로세싱을 시작하며 트랜지스터 생산에 박차를 가했습니다. 1983년에 현대그룹은 현대전자를 설립하고 이천 반도체 공장을 세웠죠. 그 당시 럭키금성그룹은 1989년에 금성일렉트론을 설립해 D램 사업에 본격적으로 뛰어들었습니다.

이렇게 한국을 대표하는 3대 그룹인 삼성, 금성, 현대는 반도체 산업에 적극적으로 투자하면서 1980년대 한국 반도체 산업의 초창기를 만들어 갔습니다.

1장

반도체 산업의 특성과
반도체 기업의 성공 요소

한 기업이 반도체 산업에서 성공을 거두기란 결코 쉬운 일이 아니다. 일본, 미국과 중국의 많은 기업이 반도체 산업에서 성공과 실패를 거듭했고, 때로는 도산했다.

이처럼 기업의 부침이 심한 이유는 바로 '고위험, 고수익' 산업이기 때문이다. 빠른 기술 변화 속도, 제품의 개발 및 제품 출시 시기 등도 매우 중요하다. 그리고 메모리나 파운드리 및 첨단 시설 공장을 하나 건설하는 데는 대략 4-5조 원의 비용이 든다. 게다가 투자 회임 기간[1]이 5년 이상 소요되다 보니, 기업은 거액의 투자를 선뜻 결정하기 어렵다. 특히 메모리 반도체는 총원가 중에서 변동비의 비중이 낮고, 제품 차별화가 잘 안 되기 때문에 불황이 오면 가격이 폭락해서 1위만 살아남는 치킨 게임이 벌어지기도 한다. 또한 첨단 기술인 반도체는 고급 기술 인력의 확보 여부가 기업의

---

1 설비 투자를 할 때 기계 설비를 발주한 뒤 제작되어 투자 자금이 회수될 때까지의 기간

성패를 좌우한다.

이처럼 반도체 산업은 기술, 자본, 인재라는 기업 경영의 기본 자원이 첨단성에 부합해야 한다. 그리고 이런 자원의 결합과 의사 결정의 속도, 다양한 자원의 통합적 운용이 매우 중요한 만큼 반도체 기업은 아주 우수한 최고 경영진을 필요로 한다.

반도체 산업의 특성

그렇다면 반도체 산업의 가장 큰 특징은 무엇일까? 바로 높은 기술 난이도와 짧은 기술 변화 주기이다. 또 대규모 자본 투자를 필요로 하며, 수율과 가동률이 원가 경쟁의 변수로 작용한다. 시간 과의 싸움에서도 이겨야 한다.

한국 반도체 산업은 치열한 경쟁 속에서 끝없는 성장을 거듭하며 세계 반도체 산업을 주도하는 위치에 올랐다. 특히 메모리 반도체 분야에서는 세계 시장의 70%를 점유하고 있다. 이처럼 높은 세계적 위상은 40여 년 만에 이룬 쾌거이다.

과연 무엇이 한국을 이런 독보적인 지위에 올려놓았을까?

이를 위해 우리는 반도체 산업의 특성과 성공 요소에 대해 우선 살펴보고 해답을 찾고자 한다.

1) 기술 집약적 산업

반도체 기술은 4족 원소[2]인 실리콘 기판 위에 3족 혹은 5족 불순물을 주입하여 전자의 흐름을 통제하는 것이다. 전자 공학적 특성을 물질로 구현해 내는 기술이라서 재료 공학과 화학 공학이 결합되어 있다. 또 이러한 복합 기술을 제품으로 구현해 내는 일은 정밀 기계 공업 분야이기 때문에 기계 공학 기술도 필요하다.

이처럼 반도체 기술은 전자 공학을 기본으로 한 여러 복합 기술의 집약체이다. 특히 나노 크기의 물질 및 요소들을 조합하여 초고집적의 소자device들을 제조해야 하므로, 각 분야의 최첨단 기술을 활용해야 원하는 기능의 제품을 구현할 수 있다.

2) 최첨단 장치 산업

반도체 제품의 성능과 가치를 높이기 위해서는 정밀화, 소형화, 저전력화, 저원가화를 실현해야 한다. 그로 인해 불가피하게 높은 집적도를 추구하게 된다.

---

2 주기율표의 네 번째 족에 속하는 화학 원소

높은 집적도는 미세한 공정을 통해서만 가능하며, 미세화의 관건은 기계의 정밀도에 달려 있다. 그래서 공정 과정이 고도로 미세화될수록 기계 장치의 역할은 더욱 커지게 되고, 최첨단의 기계 장치 없이는 반도체 산업 또한 존재할 수 없게 된다. 이처럼 반도체 사업은 숙명적으로 기계 장치 산업에 의존할 수밖에 없기에, 반도체 산업의 기술 발전은 기계 산업의 기술 발전에 중요한 역할을 함과 동시에 기계 산업의 성장을 촉진시킨다.

현재 최첨단 미세 공정은 3나노 공정이다. 나노미터(nm)는 10억분의 1미터로, 가장 작은 수소 분자 H_2 지름의 30배 정도 크기의 매우 미세한 공정이다. 3나노 공정은 기존의 5나노 공정보다 회로 선폭이 40% 줄어들고 칩 면적 효율은 100% 이상 증가하며, 성능은 20% 향상되고 소비 전력은 30% 절감된다.

3) 자본 집약적 산업

반도체 생산은 장비와 시설에 크게 의존하고 있다. 그리고 반도체 장비와 시설은 첨단을 추구해서 정밀도와 순도가 대단히 높은 까닭에 고가일 수밖에 없다.

생산 공장의 투자는 생산 능력에 따라 다르지만, 대략 12인치 웨이퍼 공장(20나노 월 10만 매 생산 기준) 한 개당 30억 달러(약 3조 8000억 원)를 상회한다. 그리고 가장 고가인 EUV 노광 장비는 대당 가격이 약 3000~5000억 원에 달한다.

4) 기술 인력 주도적 산업

반도체 산업의 특성인 기술 집약성, 최첨단 장치와 자본 집약성을 고려할 때 이러한 핵심 요소들을 운용하는 기술 인력은 반도체 산업 발전의 핵심 요소일 수밖에 없다. 기술과 장비의 효과적인 운용은 기술 인력이 담당하며, 기술 인력의 우수성이 결국 제품의 질과 원가를 결정하기 때문이다.

기술 인력에 대한 높은 의존도에도 불구하고 이에 대한 비용이 총원가 중 차지하는 비율은 시설 투자에 비해 상대적으로 대단히 적다. 또한 시설 및 기술 운용에 꼭 필요한 고급 기술 인력에 대한 수요는 대체재가 존재하지 않기 때문에 가격이 비탄력적일 수밖에 없다. 따라서 고급 기술 인력의 충분한 확보가 반도체 산업을 성공시키는 핵심 요인이 된다.

5) 초단기 기술 주기적 산업

'반도체는 18개월마다 두 배로 집적도가 증가한다.'는 무어의 법칙이 지난 50여 년 동안 작용해 왔다. 1970년 1K 집적도를 시작으로 한 메모리 반도체 개발은 2022년 512Gb 집적도까지 이뤄 냈다.

이러한 반도체 산업의 특성은 끊임없는 기술 개발 투자와 지속 적인 신규 공장 건설을 유도했고, 신제품의 조기 출시를 위한 기업 의 개발 속도 경쟁은 속도 경영을 체질화시켰다. 이러한 초단기 기 술 주기성은 반도체 사업에 진입한 기업들의 명운을 갈라 승자와 패자로 구분했으며, 많은 기업을 시장에서 사라지게 만들었다.

6) 정보화 시대의 핵심 부품 산업

반도체는 정보화 시대의 핵심 부품으로, 시스템의 정보화·지능 화를 달성하기 위해서 꼭 필요하다. 그리고 다양한 시스템에서 광 범위하게 사용된다.

반도체 제품의 원활한 조달 없이는 시스템의 성능을 유지 및 개 선시킬 수 없기 때문에 시스템 산업의 성장에는 적합한 반도체 제 품의 확보가 필수적이다. 국가적으로도 4차 산업 혁명에 발 빠르 게 대처하기 위해서는 반도체 제품의 원활한 확보가 불가결하다.

반도체 기업이 성공하기 위해서는 다양한 요소들이 유기적으로 조화롭게 운용되어야 한다. 한 가지 요소만 뛰어나서는 시장을 선도하는 기업이 될 수 없다. 게다가 다양한 요소들을 운용하는 주축에는 탁월한 결단력과 현안을 꿰뚫는 식견을 가진 최고 경영자가 자리하고 있다.

그리고 그 식견에는 반도체 산업의 특징에 대한 정확한 이해, 이를 토대로 한 독자적인 전략 및 명확한 비전을 세울 수 있는 안목이 전제되어야 한다.

1) 우수한 기술 인력

반도체 산업은 기술 집약적이라서 다양한 분야에서 극한 기술에 도전할 수 있는 우수한 기술 인력을 충분히 확보해야 한다. 그리고 설계 부문, 제품 기술 부문, 공정 기술 부문, 생산 기술 부문, 시험 기술 부문, 품질 보증 부문, 장비 기술 부문, 공조 부문 등에 따라 필요 인력의 규모는 달라진다. 예를 들어 월 10만 장의 12인치 웨이퍼 처리 능력을 가진 공장이라면 3000명 이상의 최고급 기술 인력을 확보해야 원활하게 가동될 수 있다.

반도체 개발 및 생산 기술에 따라 연구 개발 인력의 범위가 달라지지만, 우수한 기술 인력을 확보하고 급변하는 상황에 맞춰 지속적으로 교육시키는 일은 반도체 사업 성공의 중요 요소이다.

우수한 기술진은 창의력이 뛰어나고 사고의 틀도 다양하며 제도나 조직에 구애받지 않는 성향이 있다. 따라서 이들이 창의성을 충분하게 발휘하도록 조직을 운영하되, 방향성과 팀워크가 희생되지 않도록 조직 문화와 근무 원칙을 세우고 경영해야 기업의 효율성과 경쟁력을 유지할 수 있다.

경영자는 이러한 조직 문화를 개발하고 안정시키는 데 중추적 역할을 담당하면서 기업의 전 조직이 창의적이고 효율적으로 운용되도록 경영해야 한다.

2) 충분한 자본 동원력

7나노 기술의 12인치 팹을 건설하는 데 약 30억 달러(약 3조 8000억 원)의 자본이 소요된다. 세계 톱3 반도체 기업들은 이러한 팹을 다수 보유하고 있다. 그리고 시장 지위를 유지하기 위해서는 첨단 기술을 꾸준하게 개발하고 신규 첨단 팹을 계속해서 확보해야 한다.

반도체 사업의 승자들은 매년 수백억 달러(수십조 원) 이상의 자본을 지속적으로 투자해 왔다. 통상적으로 투자가 성공하여 사업 자금을 회수하는 데 5년 정도 소요된다.

막대한 투자가 사업을 통해 회수된다는 보장은 어디에도 없다. 경기 흐름에 따라서 과당 경쟁의 시기가 지속되면 회수가 불확실해진다. 그렇다고 신규 투자가 지연되거나 중단되면 사업은 도태된다. 그래서 매년 불안하고 위험한 투자를 진행해야 하고, 무어의 법칙이 작용하는 18개월마다 집적도가 두 배로 뛰는 기술 주기를 극복해야 한다. 1000억 달러(약 130조 원)를 투자하고도 결국 좌초한 중국의 칭화유니紫光集团 사례는 반도체 사업의 투자 위험성을 잘 보여 주는 예이다.

위험을 감수하고 투자한 대규모의 선행 투자가 가시적 성과를 창출하는 데에는 최소 2년의 시간이 필요하다. 새로운 기술에 대한 신규 투자라면 이 기간은 더욱 길어진다. 현재 성공한 반도체 기업들은 위험한 투자를 결정하여 막대한 비용을 투입한 후 그것을 성공적으로 회수해 온 경우이다. 막강한 자본력과 과감한 투자 결정을 적시에 성공적으로 이행할 수 있는 사업 능력을 보유한 기업들만이 반도체 산업의 진정한 승자가 될 수 있다. 이러한 결정을 두려워한 기업들은 어김없이 시장에서 도태된다.

3) 신제품 출시 속도[3]

시장을 주도하려면 신제품을 선제적으로 출시해야 한다. 반도체는 시간 집약 산업이다. 무어의 법칙이 말하듯이 집적도는 기하급수적으로 증가하고, 빠른 기술 개발 속도는 시장의 판도를 바꾼다. 그래서 이에 적응하지 못하거나 투자를 주저한 반도체 기업들은 시장의 주도권을 상실하고, 결국 시장에서 사라진다.

이러한 반도체 기업들의 부침 이면에는 기술과 자본력의 경쟁 못지않게 시간과의 치열한 싸움이 자리 잡고 있다. 비록 반도체 시장의 게임 규칙이 변할 수는 있지만, 반도체 특성 및 집적도 경쟁에 대한 시장 요청을 적시에 수용하려면 반드시 시간과의 싸움에서 이겨야 한다.

4) 변화에 대한 예측 및 판단력과 마케팅 능력

시스템의 구성 부품인 반도체는 신호 처리와 데이터 처리가 주요 기능으로, 시스템의 요구 사항들을 적시에 적절하게 맞출 수 있어야 성장할 수 있다.

모든 산업이 그렇듯이 현재 반도체 산업을 선도하는 기업들은

---

3   TTM: Time To Market

오랜 시장 경쟁에서 살아남았는데, 이는 시장의 변화를 예측하고 적응하고 주도하는 능력이 탁월하기에 가능했다.

시장의 공급과 수요를 결정하는 시스템 산업에 대한 이해와 변화에 대한 예측력은 반도체 사업 성공의 기본 전제이다. 반도체 산업은 기술과 투자에 대한 규모가 커서 시장 예측에 차질이 생기면 기업의 계속성이 흔들릴 수밖에 없다.

시장 주도 기업들은 결과적으로 마케팅 능력이 탁월하다. 마케팅 능력은 시장의 상황 변화에 대한 판단력으로, 이 판단력이 기업의 미래 위험을 감소시키고 성공 가능성을 높인다.

5) 최고 경영자의 역량

시간과의 경쟁에서 승자가 되기 위해서는 상기 핵심 요소를 시장의 변화에 맞게 통합할 수 있어야 한다. 그리고 효율적인 통합은 최고 경영자의 능력과 의지에 따라 좌우된다.

반도체 산업은 각 분야가 대단히 독특하고 중요한 역할을 담당하기 때문에 각 역량의 조화로운 협력에 따라 기업의 성패, 발전 방향과 속도가 달라진다. 그리고 각 역량을 창조적으로 통합해 내는 능력이야말로 부분별로 뛰어난 역량보다 훨씬 중요한 핵심 성공 역량이라 할 수 있다.

최고 경영자는 반도체 산업에 대한 통찰 그리고 기술과 인력, 장비, 시장에 대한 명석한 이해를 바탕으로 임직원과 협력 업체, 특히 고객의 역량을 기업의 비전과 조화롭게 엮어 내는 역할을 확실하게 수행해야 한다. 복합적인 상황에서 어려운 변수들을 종합하여 위험을 회피하고, 적시에 신속 정확하게 결단을 내릴 수 있는 경영자의 능력은 반도체 산업을 성공적으로 성장시키는 데 있어 매우 중요한 요소라 할 수 있다.

 더욱이 반도체 산업이 4차 산업 혁명에서 핵심 역할을 담당하고 있는 상황에서 반도체 기업의 경영자는 더욱 높은 이해력과 통섭력, 나아가 결단력을 지녀야 한다.

 한국은 40여 년 동안 반도체 사업을 세계적인 기업으로 성장시키면서 무수한 경험과 지혜를 부지런히 축적해 왔다. 오늘의 한국 반도체 산업은 탁월한 능력을 발휘한 경영자들의 노고에 힘입은 바 크다.

2장

한국 반도체 산업의
역사와 성장

Q. 한국 경제를 한 단계 업그레이드시킨 산업에서 반도체를 빼놓을 수 없는데요. 한국의 반도체 산업이 이처럼 빠르게 성장할 수 있었던 이유에는 기업의 투자와 기술 개발 등 여러 가지가 있었겠지만, 기업가의 정신 혹은 철학이 빠질 수 없을 듯합니다. 일명 '반도체맨'의 철학이 있다면 어떤 것이 있을지 간단하게 말씀해 주실 수 있을까요?

A. 한국의 반도체맨들은 반도체 산업을 국가 기간산업으로 인식하고 선진 경제 구축에 이바지하겠다는 열의, 첨단 산업에서 기필코 성공하겠다는 의지를 안고 이제껏 매진해 왔습니다. 이런 정신으로 무장한 반도체맨들은 생존하기 위해서, 후발 기업이지만 선진 기업과 당당히 경쟁하는 그날을 위해서 신기술·신제품을 끊임없이 개발해 왔습니다. 그런데 막상 개발을 완료하고 나면 선진 기업들은 차세대 기술로 점프해 가며 후발 기업들이 기껏 개발한 신제품들의 가격을 인하시켜서 개발비도 회수할 수 없도록 가차 없이 밟아 버리곤 했습니다.

후발 기업들이 이런 악순환에서 벗어나는 유일한 방법은 시간과의 싸움에서 이기는 것입니다. 즉 신제품 개발 시기를 선진 기업의 개발 시기에 맞추는 방법이죠. 이 싸움에서 승리해야 후발 기업들은 선진 기업들과 시장에서 어깨를 나란히 한 채 당당히 경쟁하고 생존과 성장을 보장받을 수 있습니다.

모든 첨단 기술 산업은 시간이 핵심 자원입니다. 특히 반도체 산업은 시간성Timing 산업이라 하겠습니다. 반도체 산업의 기본 법칙은 기술 집적도가 18개월에 두 배씩 증가한다는 것입니다. 무어의 법칙에 부합하는 기업만이 시장에서 생존할 수 있으며 나아가 시장을 주도할 수 있습니다.

반도체 기술은 대규모 투자를 전제로 성장하는 첨단 기술입니다. 그리고 첨단 기술과 대규모 투자는 시간과 공간 속에 존재합니다. 그래서 시간성을 충족시키지 못한 기술은 사업 가치가 없으며, 존재 의미 역시 없습니다. 시간과 공간은 반도체 기술의 태생적 한계이자 본원적 기회입니다. 시장 또한 시간과 공간 속에 존재합니다. 특히 반도체 기술은 기술의 진부화가 빨라서 제때 시장에 출시하지 못하면 생존할 수 없습니다.

반도체 산업은 기술과 제품의 수명[1]이 짧아서 신속하게 개발[2]해야 높은 이익을 창출할 수 있습니다. 그리고 생산적인 측면에서 보면, 전체 공정 시간을 단축시켜야 품질과 목표 원가를 맞출 수 있으며[3], 목표 시장에 적시에 공급[4]해야 시장을 주도할 수 있습니다.

반도체는 이처럼 모든 것이 시간Time과의 싸움입니다. 시간과의 싸움에서 승리하려면 높은 이익과 경쟁력 있는 원가, 시장 주도 등 반도체 산업의 세 가지 핵심 성공 요소를 모두 충족시켜야 합니다. 이렇게 목표 시장에 목표 제품을 적시에 공급한다는 과제를 달성하기 위해서 반도체 기업은 전사적 차원에서 집중적으로 자원을 관리하고 사용합니다. 이것이 반도체 산업에서의 성공적인 사업 철학이라고 봅니다.

---

1 Life Time
2 Fast Development on Time
3 Minimization of Total Cycle Time in Production
4 Time to Market

한국 반도체 산업의 역사

한국은 1960년대 섬유와 목재 같은 경공업을 시작으로 조선업, 제철업, 자동차 공업을 통해 경제 성장을 이루어 갔다. 그리고 중후장대[1] 중공업 분야의 성공에 힘입어 1980년대 경박단소[2] 전자 공업으로 진입하는 혁신적인 경제 산업 정책을 추진했다.

이때 세계 시장에서 치열한 경쟁을 경험한 경영자들도 축적된 자본과 경영 능력을 활용하여 새로운 성장을 위한 동력을 찾고 있었다. 그래서 정부의 산업 정책과 공조하여 전자 산업에 진출했다.

그러한 분위기 속에서 이루어진 1980년대 초 삼성전자의 반도체 참여 선언과 현대그룹의 반도체를 포함한 종합 전자 산업에의 진입은 한국 반도체 40여 년 역사 속 획기적인 사건이었다.

---

1 重厚長大: 무겁고 두텁고 길고 큰 것을 이르는데 철강, 화학, 자동차, 조선주 등의 제조업을 뜻함
2 輕薄短小: 가볍고 얇고 짧고 작은 것을 이르며 IT, 제약 등의 산업을 뜻함

1974년 이건희 회장의 한국반도체 인수는 삼성전자의 반도체 사업 참여 선언의 계기로 작용했고, 이러한 삼성전자의 이니셔티브[3]는 현대와 LG가 반도체 산업에 참여하게 만들었다.

1983년 반도체 사업에 진출하겠다는 이병철 회장의 도쿄 선언은 한국 반도체의 시작을 알리는 획기적인 사건이었다. 이를 두고 대부분의 국가, 특히 반도체 대국인 일본은 그 선언의 실현성을 반신반의했다. 그러나 치열한 경쟁으로 피로가 누적되어 있던 세계 반도체 시장에 한국의 반도체 산업 참여를 확실하게 천명함으로써 시장의 역학 관계에 변화를 가져오겠다는 강력한 의지를 각인시켰다.

그로부터 1년 뒤, 삼성전자는 놀랍게도 64K D램을 생산하여 그 가능성을 만천하에 증명해 보였다. 그리고 1년 뒤 건설과 중공업으로 성장한 현대가 반도체 사업 진출을 선언하고 막대한 투자를 시작했다.

두 기업 모두 최고 결정권자가 투자를 직접 진두지휘했는데, 그로 인해 불확실성과 위험이 큰데도 불구하고 기업의 모든 자원과 자본이 우선적으로 반도체에 투자될 수 있었다. 최고 능력을 갖춘

---

3 Initiative: 주도권

경영진이 책임자로 선정되고 기업의 소유주가 사업 전면에 나선 덕분이었다.

전자 산업을 주력으로 하던 LG도 후속으로 반도체 산업을 시작하게 되면서 한국 최고의 세 기업이 반도체 산업에 전력투구하게 되었다.

반도체 산업은 기술 및 자본 집약적 산업이라 투자 회전율이 낮고 투자 회임 기간이 대단히 길어서 한국 경제의 규모로는 감당이 쉽지 않았다. 과잉 투자의 위험 또한 매우 컸다.

하지만 한국 최고 기업들의 세 총수는 신新성장 동력으로 반도체의 가능성을 명확히 인식하고 과감히 투자했다. 정부도 산업 정책과 금융 정책을 통해 강력하게 지원하여 반도체 산업이 뿌리내릴 수 있도록 도왔다.

이러한 노력에도 불구하고 반도체 산업은 주력 기업들의 재무상황을 악화시키고 있었다. 4년간의 계속된 투자와 매년 감당할 수 없을 만큼 큰 경영 손실로 인해 기업들은 주춤할 수밖에 없었다. 그래도 포기하지 않고 투자를 계속하여 64K D램에 이어 256K D램을 성공적으로 개발했다.

다행히 1988년의 반짝했던 반도체 호황으로 256K D램에서 막대한 이익을 거두며 삼성전자와 현대전자는 지속된 적자를 상당 부분 만회했다. 그리고 이를 통해 거대한 미래 가능성을 엿볼 수 있었다. 덕분에 반도체 사업은 기력을 회복했고, 정부도 자신 있게 반도체 관련 정책을 구사했다.

1990년, 정부의 주도로 한국 반도체 3사의 합작 개발품인 1M D 램의 개발이 완료되었다. 그리고 뒤이어 개발된 4M D램으로 당시 반도체 선진국이었던 일본의 기업들을 제치고 세계 반도체 시장을 선도하게 되었다. 이는 해외 건설 산업에 이어 세계 시장을 주도하게 된 귀한 사례였으며, 한국 반도체 산업의 미래를 밝힐 청신호였다.

한국이 1M D램과 4M D램에 힘입어 세계적인 반도체 강국으로 등극하자 미국은 일본의 반도체 산업을 몰락시킨 반덤핑[4] 제소라는 칼로 한국을 겨누기 시작했다.

1992년 4월에 미국의 마이크론 테크놀로지Micron Technology는 한국 반도체 기업들을 반덤핑으로 제소했다. 당시 한국 반도체 기업들은 돈을 벌기 시작했지만 미국 반도체 기업들은 수익성을 유지

---

4 Anti-Dumping: 자국내 판매가보다 낮은 가격으로 수출한 상품에 고율의 세금을 부과하는 무역 규제 조치

할 수 없던 때였다. 그래서 미국은 자국내 산업 보호를 위한 전가의 보도로써 반덤핑 제소 카드를 꺼내 한국의 반도체 기업들을 견제하려고 했다.

그러나 한국의 반도체 3사인 삼성전자와 현대전자, LG반도체는 일본 기업들과 달리 미국과 유럽에 현지 법인을 세워 우회 수출하는 방법을 통해 반덤핑 제소를 회피하면서 동시에 생산성을 획기적으로 향상시켜 판매가 이하로 생산 원가를 낮추었다. 이를 통해 반덤핑 제소가 허용하는 최소 마진 이하를 3년 연속 유지했다. 그 결과 1996년에 반덤핑 제소로부터 벗어나는 쾌거를 달성했다.

한국에 대한 반덤핑 제소는 일본에 대한 제소가 미국 국가 차원이었던 것과 달리 미국 기업 차원이었다. 그래서 한국 기업들의 집중적인 대응과 미국 고객들의 적극적인 협조로 위기에서 벗어날 수 있었다.

반덤핑 제소는 대부분 경기 하강의 마지막 단계에서 기업들이 버티지 못해 조치하는 최후 수단이다. 즉 미국의 반덤핑 제소는 반도체 산업의 경기 하강이 막바지에 이르렀다는 신호였다. 이런 판단과 예측대로 침체해 있던 한국의 반도체 경기는 1992년 후반부터 살아나기 시작했고, 인텔Intel의 공격으로 반도체 가격이 폭락한

1995년 9월까지 한국 경제의 주도 산업으로 입지를 굳히면서 무역 수지를 대폭 개선시켰다. 그리고 한국 경제가 당면했던 심각한 넛 크래커Nut-Cracker 상황을 극복하게 만드는 구심점 역할을 톡톡히 해냈다. 이 상황을 좀 더 구체적으로 설명해 보겠다.

  1992년 초 한국 경제는 선진국과 후진국 사이에 끼어 활로를 찾기 매우 어려웠다. 하지만 10여 년 전 세 기업의 총수들이 결단을 내리고 절치부심하며 키워 온 반도체 산업이 드디어 빛을 발하며 1995년 9월까지 3년 간 한국 경제의 든든한 버팀목이 되었다.

  1995년 9월에 반도체 산업은 절정에 올랐고, 반도체 가격은 금보다 비싸졌다. 메모리 반도체는 지나치게 고가인데다 조달도 어려워서 세계 경제를 주도하던 PC 기업들의 불만이 극에 달했다.

  이때 메모리 반도체에서 철수하고 CPU 반도체에 전념하여 많은 이익금을 축적한 인텔은 고객 기업들의 CPU 가격 압력을 피하기 위해서 특단의 조치를 강구해야 하는 절박한 상황이었다. 그래서 메모리 모듈 사업에 새롭게 진출한다고 위장 선언하고 CPU 사업을 통해 축적한 풍부한 자금으로 비싼 메모리 반도체를 대거 사들이기 시작했다. 그에 힘입어 메모리 반도체는 더 큰 호황을 맞았다. 그리고 그 호황은 상당 기간 지속될 것으로 예측되었다.

그러던 1995년 9월 중순, 인텔은 위장 전략이었던 메모리 모듈 사업을 포기한다고 선언한 뒤 보유하고 있던 대규모 메모리 반도체 재고를 일시에 시장에 풀었다. 인텔이 의도한 대로 시장은 급속히 공급 과잉 상황으로 반전되었고, 반도체 가격은 폭락했다. 장사진을 이루던 메모리 반도체 수요는 급격하게 사라졌고, 반도체 시장은 메모리에 대한 공급 초과 상황으로 급반전되면서 장기적인 침체의 길로 들어섰다.

참고로 반도체 경기는 올림픽 사이클과 비교되는데, 4년 호황과 4년 불황 혹은 2년 호황과 2년 불황의 유형을 보인다. 그런데 바로 이러한 사이클이 깨진 것이다.

2003년까지 반도체는 장기 불황에 허덕였다. 호황보다 불황이 훨씬 긴 암울한 시기로, 반도체 기업들은 끊임없는 부침을 겪어야 했다. 일본 및 유럽의 반도체 기업들은 지속적인 불황을 견디지 못해 사업을 접고 떠나거나 합병의 길을 걸었다. 그리고 대만의 소규모 반도체 기업들도 혹독한 시련을 겪어야만 했다.

이러한 반도체 불황기에도 큰 수익을 창출하는 회사가 둘 있었다. 어떤 어려움에도 1위 기업은 살아남는다는 사업의 진리를 입증하듯 메모리 반도체 부문의 1위 삼성전자와 비메모리 반도체 부문의 1위 인텔이 바로 그 승자들이었다. 그리고 삼성전자에 1위 자리를 내준 한국의 메모리 반도체 분야의 두 회사, 현대전자와 LG반도체는 생존을 위한 싸움을 계속해야 했다.

1997년 외환 위기가 오자 한국 경제는 위기에 봉착했고, 여러 산업이 구조 조정의 압력을 받게 되었다. 한국의 두 메모리 반도체 기업의 세계 시장 점유율은 합해서 20%를 훌쩍 넘었지만, 장기적인 손실과 불투명한 미래 전망으로 인해 자생력이 없다는 판단이 내려졌다. 1998년 한국 정부는 5개 산업[5]의 대규모 기업 인수 합병M&A을 추진했다. 이른바 '빅딜'로 불리는 이 정책은 한국 경제가 위기에 처해 있던 상황에서 기업 경쟁력 강화와 구조 조정을 위해 시행되었다. 결국 반도체 기업들도 정부 주도의 소위 5개 산업 빅딜의 대상으로 지정되었고, 현대전자는 LG반도체를 인수하는 혹독한 구조 조정을 겪게 되었다.

1999년에 현대전자는 LG반도체를 인수하여 현대반도체로 새롭게 출발하면서 새로운 미래 비전을 수립하며 반도체 기업으로의 재도약을 꿈꾸었다. 그러나 애초 계획인 양사 합병이 아닌 사업 인

---

5 반도체, 자동차, 통신, 전자, 조선

수와 매각으로 귀결되고 인수자가 매도자에게 매입 대금(2조 5900억
원)을 지불하게 되면서 차세대 기술 개발 투자에 쓰여야 할 막대한
자금이 반도체 산업 외부로 유출되는 사태가 발생했다.

2001년, LG반도체를 인수한 현대반도체는 하이닉스^{Hynix}반도체
로 사명을 바꿨다. 부족한 투자 자금은 하이닉스의 대주주인 현대
건설과 현대조선의 신규 투자 자금으로 메꿨다. 그러나 불행하게
도 반도체 시장은 불황의 늪에서 벗어나지 못했다. 결국 대주주의
신규 투자 여력이 급속하게 약화되면서 더 이상 그들의 도움을 기
대할 수 없게 되었다.

하이닉스는 인수의 책임을 다하고 생존하기 위해서 세계 최고
의 경쟁사를 능가하기 위한 특별 전략[6]을 수립하며 삼성전자와의
격차를 줄이기 위해 다양한 노력을 기울였다.

그러나 기존 기술을 활용하여 삼성전자의 신기술을 능가하겠다
는 하이닉스의 전략은 투자 자금이 부족한 상황에서 수립한 궁여
지책으로, 삼성전자를 능가하는 것은 불가능했다. 그래도 최소한
의 보완 투자를 통해 차세대 신제품을 생산하려는 독보적인 시도
는 상당한 효과를 거두게 되었다. 특히 기존 장비의 효율을 대폭

---

6 BTTB: Better Than The Best

증가시킴으로써 제품 원가를 상당히 낮출 수 있었다.

그러한 노력에도 불구하고 메모리 반도체 시장은 PC 이외에 수요를 획기적으로 증가시킬 수 있는 혁신적인 시스템 제품의 부족으로 인해 공급 과잉의 늪에서 벗어나지 못하고 있었다. 하이닉스는 수조 원을 초과하는 두 차례의 채무 조정과 출자 전환 후에도 독자적인 생존이 어려웠다. 그러자 채권 은행의 궁극적인 주주인 정부는 하이닉스를 미국의 경쟁 기업인 마이크론 테크놀로지에 매각하기로 결정했다. 매각 가격은 35억 달러로, 대금은 현금이 아닌 마이크론 테크놀로지 주식으로 환산하여 받기로 했다.

그 당시 정부는 두통거리인 하이닉스를 무슨 수를 써서라도 팔아야 했다. 매각에 대한 비판은 인수 주체인 마이크론 테크놀로지의 주식이 인수 후에 오르면 어느 정도 보전된다는 주식 자본주의적 주장으로 무마시키려고 했다. 그러나 헐값 매각과 기술 유출에 대한 우려감, 현금 없이 매각 대금 100%를 주식으로 지급하는 것에 대한 은행권의 심리적인 거부감 등이 겹치면서 하이닉스 이사진 전원의 용기 있는 반대로 매각이 불가능해졌다.

결국 하이닉스는 매각 반대에 대한 문책으로 한 명을 제외한 아홉 명의 이사진을 교체한 후 새로운 이사회를 조직하며 자력갱생의 길을 선택했다. 그리고 자회사 및 타 사업 매각 등의 자구적 노력을 인정받아 추가로 수조 원의 은행 채무를 출자 전환 받고 재무 구조를 개선하면서 독자 생존에 매진하게 되었다.

하이닉스가 안정을 찾은 것처럼 보이자 삼성전자 등 경쟁 선두 기업들은 메모리 반도체의 치킨 게임을 종결시켰다. 그렇게 하이닉스는 다행히도 암흑의 함정에서 빠져나올 수 있었다. 이 과정에서 대주주였던 현대건설의 고통은 이루 말할 수 없을 정도로 컸고, 정부의 공적 자금은 상당 기간 현금화시키지 못한 채 하이닉스의 주식으로 묶여 있었다. 또한 하이닉스의 구조 조정을 통한 자력갱생에 기대를 걸고 지원을 아끼지 않았던 협력 업체들과 많은 돈을 주식에 투자한 소액주주들은 감당할 수 없는 투자 손실을 감수해야 했다.

정상화의 길에 오른 하이닉스가 경쟁력을 회복하기 위해서는 12인치 웨이퍼 공장의 신규 건설이 절대적으로 필요했다. 하지만 투자 자본은 극심하게 부족했다. 그래서 새로운 돌파구를 마련하기 위해 협력 파트너를 찾아야 했다. 그 결과 비메모리 반도체의 세계적인 강자 ST마이크로일렉트로닉스ST Microelectronics와 협력하여 반도체의 새로운 시장으로 부상하고 있는 중국 장쑤성 우시시에 12인치 웨이퍼 월 10만 장 규모의 공장을 건설하게 되었다.

12인치 웨이퍼 신규 공장을 확보한 하이닉스는 1998년 LG반도체 인수 이후 2004년에 이르기까지 이어진 불황의 긴 터널을 벗어나 기업을 정상적으로 운영하게 되었다. 하이닉스가 안정적으로 운영되자 공적 자금을 투자한 정부와 은행은 자본 회수를 결정한 뒤 잠재적인 인수자를 찾았다. 그 과정에서 효성그룹도 잠재적인 인수자로 거론되었지만 불발되었다. 또한 투자 대주주였던 현대중공업, 현대자동차, LG그룹, 동부그룹 등 많은 기업이 인수자로 자의적 또는 타의적으로 검토되었다.

그러다 결국 SK그룹이 경쟁자 STX를 제치고 은행이 보유하던 회사 지분 약 30%를 인수하게 되었다. 이후 하이닉스는 사명을 SK하이닉스SK Hynix로 변경했다. 그리고 오늘날 세계 메모리 반도체의 2대 강자라는 영예를 안게 되었다.

한국 반도체 산업의 특성

반도체 산업은 한국 GDP의 22%를 점유하고 있고, 지난 25년 동안 전 산업 수출 1위를 차지해 왔다. 특히 한국 반도체 산업은 메모리 분야에서 세계 1위, 파운드리 분야에서 세계 2위를 기록하고 있다.

메모리 반도체 분야에서 쌓은 다양한 경험은 사업 경영 능력, 고객과의 입체적인 커뮤니케이션, 반도체 SCM[7] 구축, 집중적으로 관리·투자한 첨단 기술 및 공정 개발 등을 통해 구현되었다. 또 후공정인 테스트나 패키지 부문 역시 메모리 반도체에 적합한 유형으로 특화되어 있다.

그에 반해 반도체 산업의 핵심 경쟁력을 좌우하는 소재나 핵심 장비에서는 높은 해외 의존도로 인해 취약성을 벗어나지 못하고 있다. 2019년 일본과의 소부장[8] 분쟁에서 노출되었듯이 한국이 반도체 산업에서 세계적인 위상을 꾸준하게 유지하기 위해서는 장비 및 소재 산업의 경쟁력을 육성해야 한다는 숙제를 풀어야 한다.

한국 반도체 산업의 성공 요소

1장에서 살펴본 반도체 기업의 성공 요소를 바탕으로 한국 반도체 산업만의 성공 요소를 짚어 보자.

---

7 Supply Chain Management: 공급망 관리
8 소재, 부품, 장비

1) 제품 개발과 시장 진입의 적시성

한국이 1983년에 반도체 산업 참여를 선언하고 4년 뒤 256K D램을 양산하게 되었을 때, 세계 최강의 일본 반도체 산업은 미국의 강력한 제재로 신제품 개발에 차질을 빚으면서 어려움을 겪기 시작했다. 한국은 이 난항을 기회 삼아 일본 반도체 산업의 기술을 빠르게 도입하고 정부의 지원을 받아 성장했다.

2) 대기업의 축적된 자본

삼성전자와 현대 같은 대기업이 1970년대에 축적한 자본을 바탕으로 과감하게 반도체 산업을 출범시켰는데, 이를 통해 한국 반도체는 성공을 위한 기반을 마련할 수 있었다.

3) 탁월한 민족성

한국인들은 규칙을 준수하고 조직에 충성하며 어려울 때 단결하는 문화를 가지고 있다. 이러한 문화는 반도체 산업의 발전에도 영향을 미쳤다.

또 우수한 고급 인력의 보유 역시 중요한 성공 요인이다. 한국 반도체 산업 초기에 자발적으로 합류한 해외의 고급 인재들로 인해 첨단 반도체 기술이 단기간에 안정되었다.

또한 반도체 기업의 핵심 임직원들은 기술과 시장에 대해 깊이 이해했고, 이를 제품으로 구현해냈다. 다시 말해 그들은 반도체 산업이 가지는 의미를 이해하고 회사를 공동체로 보고 충성하며, 기술 스펙을 철저히 준수하고 사람을 존중하고 약속을 중시하면서 성실하게 근무한다. 이러한 특성들은 홍익인간 정신으로 다져진 일체감에서 기인한다고 볼 수 있다.

4) 기업가 정신

기업가들의 한국 반도체 산업에 대한 통찰력 있는 결정과 탁월한 전략 구사는 반도체 산업의 성공에 결정적인 변수였다고 평가할 수 있다.

한국 기업인들은 사업 및 기술 위주의 태도, 명확한 사업 목표, 조직원들에 대한 인간적 존중과 신뢰, 신속하고 정확한 의사 결정, 도전 정신, 국가 우선의 가치관을 가지고 있다. 그리고 기업인들이 격변하는 상황 속에서도 투철한 사명감을 가지고 상기 정신들을 굳게 지키며 본분을 다했기에 오늘날 한국 반도체가 성공했다고 평가할 수 있다.

5) 정부 지원 정책

앞서 언급했듯이 반도체 산업은 정부의 지원 없이 발전하기 힘든 산업이다. 한국 정부는 산업 발전 초기에 적극적인 정책을 통해 아낌없이 지원했는데, 대표적인 것으로 금융 지원과 투자 세제 혜택을 꼽을 수 있다.

한국 정부는 반도체 산업의 특성과 중요성을 잘 이해했고, 지원 가능한 다양한 정책들을 통해서 적극적이고 효율적으로 반도체 산업을 육성·지원했다. 이때 기업들은 정부의 정책을 적극적으로 활용했다. 이러한 시너지가 결국 한국 반도체 산업의 발전을 가져왔다.

TIP

반도체 산업 내 기업 유형

- **종합 반도체 기업**IDM, Integrated Device Manufacturer: 설계 및 제조, 패키지, 테스트 등 모든 생산 과정을 직접 수행한다. 여기엔 메모리 반도체 중심으로 대규모 R&D 설비 투자가 필요하다. 삼성전자와 SK하이닉스, 인텔이 여기에 속한다.

- **팹리스**Fabless: 설계 전문 기업으로, 반도체 제조 시설 없이 설계만을 수행하고 파운드리를 통해 위탁 생산 후 제품을 판매한다. 따라서 우수 설계 기술 인력 확보가 중요하다.
- **파운드리**Foundry: 팹리스가 설계한 반도체를 위탁 생산하는 전문 생산 업체로, 초기에 대량 설비 투자 비용이 들어간다.
- **디자인 하우스**Design Solution Partner: 설계-제조의 가교 역할을 하는 디자인 하우스는 팹리스의 설계를 업그레이드하고 파운드리와 파트너를 맺기도 한다.
- **IP 전문 업체**: 반도체 설계와 관련된 지적재산권을 취득하여 IDM 및 팹리스에 라이선스를 제공하고 받은 사용료를 주된 수입원으로 한다.
- **후공정 기업**OSAT, Outsourced Semiconductor Assembly and Test: 반도체 테스트, 패키징, 조립 등을 수행한다.

WINNING
SUSTAINING
DOMINATING
K-SEMICONDUCTOR

PRESENT

K 반도체의
오늘을 진단하다

Q. K 반도체 산업에 더 이상 '치킨 게임'은 유효하지 않다고 합니다. 시장 상황이 급변하고 있는 지금, K 반도체가 나아가야 할 방향에 대해 간단히 말씀 부탁드립니다.

A. 반도체 산업에 '치킨 게임[1]'이라 일컫는 극한 상황이 존재하지 않는다고 말할 수 없습니다. 치킨 게임은 시장이 초과 수요 상황이거나 반도체 산업이 시장에서 의미가 없을 정도로 약해졌을 때 종료될 것이기 때문입니다. 그러나 전자는 시장 논리상 드문 현상이고, 후자는 한국 반도체 산업이 경쟁력을 잃어 종국엔 시장에서 퇴출되는 상황이기 때문에 치킨 게임이 관심의 대상이 될 수 없습니다.

이른바 치킨 게임이라는 공급 초과 시장 상황에서 승리하기 위해서는 경쟁자가 게임을 포기할 때까지 끊임없이 밀어붙이는 게 핵심입니다. 그런 까닭에 경쟁력이 약한 참가자는 결국 치명상을 입고 경쟁을 포기하게 됩니다. 물론 이 과정에서 치킨 게임의 승자

---

1 Chicken Game: 어느 한쪽이 양보하지 않으면 양쪽 모두 파국을 맞게 되는 극단적인 게임 이론

역시 상당한 손상을 입게 됩니다. 그래도 승자는 가격 반등을 즐길 수 있으며, 시장에 대한 통제권을 획득하고 시장을 지배하게 됨으로써 경쟁자가 입힌 손상 이상의 종합적 보상을 쟁취합니다. 사실 치킨 게임은 자유 경쟁 체제하의 시장에서 불가피하게 일어나는 데다 통제도 쉽지 않습니다.

반도체 산업은 산업 속성상 치킨 게임의 시장 상황이 주기적으로 반복됩니다. 지난 수십 년간 반도체 산업은 무어의 법칙이라는 패러다임의 지배를 받고 있었습니다. 이는 18개월 주기로 트랜지스터의 집적도가 두 배씩 증가하는 것을 일컫는데, 반도체 시장에서 살아남으려면 반드시 실현해야 하는 법칙입니다. 이 법칙에 따르면 동일 성능의 집적회로 가격이 18개월마다 절반 이하로 떨어지게 됩니다. 다시 말하면 수요가 18개월마다 두 배가 되지 않으면 공급 초과 상황이 발생한다는 의미입니다.

반도체 산업은 가동률을 유지해야 생존하고 경쟁력을 갖습니다. 그래서 이익 여부를 떠나 제품의 한계 원가를 조금이라도 웃도는 가격이라면 생산·판매해야 손실을 최소화할 수 있습니다. 한계 원가 이상의 가격에서는 하나라도 더 팔아야 하는 거죠.

치킨 게임이 가진 문제의 심각성은 바로 '반도체의 한계 원가'에 있습니다. 한계 원가가 대단히 낮고 업체 간 차이가 커서 치킨 게임을 주도하는 경쟁력 있는 업체는 치킨 게임을 계속하는 것이 전략적으로 유리합니다. 바로 이런 이유로 반도체 산업에서는 언제든지 치킨 게임이 일어날 수 있습니다.

현재 선진국들은 반도체 산업을 집중적으로 육성하기 위해 다양한 정책들을 법제화하고 막대한 보조금을 지급하고 있습니다. 이는 반도체 산업의 시장 상황을 반영한 육성 정책이기보다는 자국 산업을 보호하고 육성하기 위해 만든 인위적인 성장 정책입니다. 그래서 그에 상응할 만큼 반도체 수요가 급증할 것이라고 예상할 수 없습니다.

이에 따라 장기적으로 시장은 잠재적인 공급 초과 상태에 놓일 수 있으며, 더불어 치킨 게임이 더욱 치열해질 수 있습니다.

이제까지 치킨 게임은 메모리 반도체 분야에서 치열했습니다. 그래서 메모리 반도체 산업의 속성을 잘 알고 있는 세계 반도체 기업들은 시장 재진입을 주저하고 있습니다. 오직 중국만이 정부 주도하에 정책적으로 메모리 반도체 산업에 도전하고 있는데, 성공 여부는 불확실합니다.

미래 반도체 산업의 치킨 게임은 메모리 반도체 분야보다는 장기적으로 공급 부족 상태에 익숙했던 파운드리 분야에서 벌어질 가능성이 더 크다고 예단할 수 있습니다. 각국의 반도체 산업 육성이 메모리 반도체 분야보다는 파운드리 분야에 집중되어 있기 때문입니다.

물론 AI의 발달과 더불어 반도체 수요가 급증한다면 이 예단은 달라질 수 있지만, 잠재적 위험이 사라지는 것은 아닙니다.

이런 상황 속에서 한국 반도체 산업이 나아갈 방향은 단순하고 당연합니다. 지금까지의 한국 반도체 산업의 강점을 계속 유지·발전시키고 취약점은 꾸준하게 보완하는 것입니다. 또한 메모리 반도체의 우위를 꾸준하게 유지·발전시키면서 메모리 반도체의 강점을 파운드리 사업 등으로 넓혀 가는 것 역시 중요합니다.

메모리 반도체 세계 1위는 단순히 기술적 우위로만 평가되어서는 안 됩니다. 1위로 상징되는 종합 반도체 경쟁력은 순수 기술적 우위만으로 이룰 수 없기 때문입니다. 그러니 이러한 종합적인 경쟁력을 바탕으로 메모리 반도체 분야를 넘어 파운드리 산업 생태계를 강화하여 시스템 반도체 기반을 견고하게 구축하고, 종국에는 시스템 반도체 산업을 더욱 발전시켜야 합니다.

다행히 한국은 스마트폰, TV, 가전제품, 자동차, 선박, 통신 인프라, 방위 산업 등에서 세계적인 기술을 보유하고 있어 시스템 반도체의 성장 기반을 충분히 갖추고 있다고 봅니다. 이러한 시스템 반도체의 활성화를 통해 시스템 제품들의 경쟁력도 한층 높아질 것입니다.

특히 활발하게 영역을 넓혀 가고 있는 AI가 반도체를 기반으로 성장해갈 수밖에 없는 상황을 감안하면 HPC[2]에 장착되는 반도체 개발을 주된 목표로 두어야 할 것입니다. 다행히 삼성전자는 메모리 반도체 중심의 슈퍼컴퓨터를 2028년까지 개발할 계획을 수립하여 실천해 가고 있고, 국내 반도체 기업들은 주도적으로 HPC를

---

2 High Performance Computing: 고성능 컴퓨터, 슈퍼컴퓨터

중심으로 하는 HBM-PIM[3] 등을 개발하고 있습니다. 크게 성장할 것으로 보이는 HBM-PIM은 메모리 반도체 기술을 기반으로 하기 때문에 한국 반도체 산업은 위기 속에서도 미래 전망이 밝다고 봅니다.

한국 반도체 산업을 지속적으로 어떻게 발전시킬 것인지, 메모리 반도체 기술을 활용하여 파운드리, 더 나아가 시스템 반도체 분야에서 어떻게 세계 시장을 주도할 것인지는 향후 큰 과제입니다. 그리고 이 과제는 기업과 기술 경영진들, 정부, 학계와 사회가 반도체 산업의 전략적 중요성을 충분히 인식하고 협동해야 달성할 수 있습니다.

---

3 High Bandwidth Memory-Processing in Memory: 광대역 연산 메모리

3장

한국 반도체 산업의 위기

Q. 선진국에서는 자국 반도체 육성 정책을 추진하기 위해 국가 간 전략적인 동맹 및 배타성이 가미된 블록화를 추진하고 있다고 하셨는데, 이와 관련하여 좀 더 구체적인 예를 들어 설명해 주실 수 있을까요?

A. 가장 좋은 예로 미국의 칩스법[1]을 들 수 있습니다. 이는 미국이 반도체 산업을 자국에 육성하기 위해 제정한 법입니다. 이 법의 핵심은 미국 내 반도체 제조에 투자하는 경우 520억 달러(약 68조 9000억 원)에 달하는 막대한 보조금을 받게 되며, 이 보조금을 받은 반도체 기업은 미국이 지정하는 특정국 및 중국의 반도체 제조에 투자할 수 없도록 한 것입니다.

미국은 반도체 산업이 태동한 곳이며, 현재도 반도체 핵심 기술을 다수 보유하고 있습니다. 그리고 이러한 자신감을 바탕으로, 투자 위험도가 높은 반도체 제품의 제조는 외국에 의존하면서 핵심 반도체 기술은 전략적으로 육성해 왔습니다.

---

1 CHIPS Act: 원래는 '반도체·과학법The Chips and Science Act'으로 2022년 8월 9일에 공포

4차 산업 혁명이 진행되면서 모든 산업은 고도화·지능화를 추구하게 되었습니다. 그리고 이에 따라 자연스럽게 고도화·지능화의 핵심 기술인 반도체에 관심이 집중되고 있습니다. 현재 반도체 생산은 한국과 대만이 장악하고 있습니다. 그런데 공교롭게도 한국과 대만은 분단국가이기에 전쟁 발발 가능성이 높습니다.

만약 어느 한 곳이라도 반도체를 생산할 수 없는 상황이 발생한다면, 가장 큰 피해를 볼 수밖에 없는 곳은 바로 세계 경제 및 안보를 주도하는 자국(自國)이라는 점을 미국은 통렬히 깨달았습니다. 이에 미국은 반도체 산업 공동화를 우려하게 되었습니다. 즉 미국은 반도체 기술의 종주국이지만 공동화로 인해 반도체 제품을 생산하지 못하게 된다면 경제와 안보 측면에서 위험이 크다고 판단한 것입니다. 그래서 막대한 보조금을 지급하면서까지 반도체 생산 설비를 자국에 건설하도록 유도하는 법을 제정했습니다.

미국이 반도체 기술의 의미를 재평가하고 막대한 보조금을 주면서 반도체 산업을 자국화하자, 다른 선진국들도 반도체 산업의 의미를 재평가하게 되었습니다. 그리고 미국의 정책에 동조하여 자국의 반도체 산업과 관련된 신규 법률을 제정하고, 역외 반도체 산업들을 유치하여 자국 반도체 산업을 육성하고 있습니다. 구체적으로 일본은 2021년에 발표한 '반도체·디지털 산업 전략'에 따라 총 2조 엔(약 19조 원)의 예산을 반도체 산업의 재건에 투입했고, EU도 600억 유로(약 85조 원)의 보조금을 책정하여 적극적으로 반도체 기업을 유치·육성하고 있습니다.

그리고 이러한 정책들을 가장 적극적으로 활용하는 기업이 바로 대만의 TSMC^{Taiwan Semiconductor Manufacturing Co. Ltd}와 미국의 인텔입니다. TSMC와 인텔은 각국 정부의 보조금을 활용하여 파운드리 공장을 건설하고 있습니다.

선진국들은 해외 반도체 기업들의 자국 내 유치는 물론 자국 기반 반도체 기업들을 적극적으로 육성하기 위해 지원을 아끼지 않고 있습니다. 그리고 이러한 반도체 육성 정책들은 각국의 반도체 기업들 간의 전략적인 협력을 촉진했습니다. 대표적인 예가 TSMC와 소니^{Sony}의 파운드리 공장 건설, IBM과 라피더스^{Rapidus}의 2나노 공동 개발 투자이며, 앞으로도 유럽과 미국에서 많은 공동 투자가 있을 것으로 예상됩니다.

반도체 산업은 속성상 국가 정책으로 육성되어 왔습니다. 대표적인 예가 대만의 반도체 산업이며, 한국의 반도체 산업도 초기에는 정부의 정책으로 육성되었습니다. 가장 적극적으로 반도체 산업을 육성하고 있는 국가는 중국입니다.

중국은 산업의 성장을 국가가 주도하고 있으며, 그 일환으로 국가 정책을 통해 반도체 산업을 굴기(堀起)시키고자 합니다. 이를 위해서 1조 위안(약 170조 원) 이상의 예산을 투입하고 있습니다. 하지만 아쉽게도 중국의 반도체 산업은 아직 충분한 성과를 보여 주지 못하는 상황입니다. 게다가 미국의 칩스법도 중국의 반도체 산업 굴기에 가장 큰 장애 요인으로 작용하고 있습니다.

국가는 전략적 이익을 방어하고 증대시키기 위해서 우선적으로 정책을 수립합니다. 특히 그 이익이 안보 및 생존과 연관된 경우, 국가는 전략적 이익을 극대화할 수 있도록 국가 간 연합을 추구합니다. 그렇게 하면 좀 더 용이하게 목적을 달성할 수 있기 때문입니다.

그런데 같은 지역에서 국가 간 전략적인 이익이 상충할 때는 한

연합의 이익 확대가 다른 연합의 이익 축소로 귀결됩니다. 그러한 상황에서 각국은 연합을 확대하려고 노력할 것이며, 이해관계가 다른 연합도 그들의 연합을 확대하려는 움직임 속에 배타적으로 블록화할 것입니다. 그렇게 해야 국가의 전략적 이익을 최대한 지킬 수 있기 때문입니다.

역사적으로 국가의 안보는 경제력과 군사력으로 지켜왔습니다. 그런데 경제와 과학이 발전하는 과정에서 첨단 기술이 국가 안보의 핵심 변수로 떠오르게 되었습니다. 그리고 그 첨단 기술의 중심에 반도체가 자리하고 있습니다. 반도체는 모든 산업을 고도화·지능화시키는 핵심 기술로, 산업은 물론 국가 안보에도 큰 변수로 작용합니다.

경제가 성장하여 교역이 증대되고 국가 간 경계가 낮아지면서 각국의 이해관계는 더욱 첨예하게 대립하고 있습니다. 이러한 상황에서 각국이 전략적인 반도체 연합을 구축하고 이익이 상충되는 세력에 대해 배타성을 갖는 동맹으로 변화하는 일은 충분히 예상할 수 있습니다.

한국 반도체 산업은 진입 초기의 어려움을 잘 극복하고 15년 만에 세계 1위가 되었고, 반도체 산업의 양대 산맥 중 하나인 메모리 반도체 분야에서 1993년 이후 30여 년 동안 부동의 1위 자리를 고수하고 있다. 그 사이 반도체 기술과 사업 기반은 더욱 견고해졌으며, 경쟁 기업들과도 압도적인 격차를 만들어 왔다.

하지만 세계 반도체 시장이 예상보다 훨씬 빠르게 변함에 따라 한국 반도체의 위상이 흔들릴 수 있다는 불안감이 커지고 있다. 미국의 반도체 시설 건립 지원과 첨단 반도체 R&D 지원을 포함한 일명 칩스법 등의 이슈들이 끊임없이 한국 반도체 산업의 발목을 잡고 있기 때문이다.

게다가 치킨 게임에 지쳐 사실상 철수했던 선진국들이 반도체 산업의 중요성을 재인식하고 집중적인 육성 정책을 수립하며 반도체 산업에 재진입하고 있다. 부연하면, 각국 정부가 직접 게임의 당사자로 반도체 시장에 참여하고 있다. 이로 인해 한국 반도체 기업들의 시장 상황이 급변하고 있다.

물론 견고한 한국 반도체 산업의 위상이 하루아침에 흔들리지는 않을 것이다. 그러나 하루가 다르게 급변하는 전 세계 상황은 미래에 대한 위기감을 불러올 수밖에 없다. 한 번 흔들린 위상을 원상 복귀하기란 쉽지 않기 때문이다.

그러나 명확한 위기의식을 갖는 순간, 위기의 반은 사라지는 법이다. 지금부터 우리가 가지고 있는 '위기의 본질'을 구체적으로 분석하고 이에 대해 철저히 대비한다면 K 반도체는 이후에도 세계 1위 반도체 강국이라는 위상을 오랫동안 유지할 수 있을 것이다.

■ K 반도체에 닥친 위기의 본질

한국 반도체 산업이 보유한 세계적 위상의 원천은 반도체 기술 주도력이다. 따라서 한국 반도체의 위기라고 하면 바로 '기술 주도력의 위기'라 할 수 있다.

기술 주도력은 '기술의 시장 지배력'을 말한다. 기업은 시장 예측과 제품 기획력 및 제품 설계력, 공정 능력, 제품 특성 유지력, 생산성 등 다양한 분야에서 구현된 기술 주도력을 통해 시장을 주도하고 미래를 개척한다.

시장 점유율에 따른 매출과 이익은 기업의 성장에 있어 중요한 부분이지만, 기술 주도력의 종속 변수들이기도 하다. 따라서 기술 주도력을 유지한다면 한순간 매출과 이익이 하락해도 어김없이 원상 복귀할 수 있다.

기술 주도력은 기술 주체들의 능력과 활동에 의존한다. 즉 기술 주도력의 위기는 바로 기술 주체들의 위기라 할 수 있다.

기술 주체들은 기업의 기술진, 최고 경영진, 사회적 여건, 정부 정책(산업, 금융, 조세 및 교육 등) 그리고 국가의 잠재력으로 구체화할 수 있다. 이러한 주체들이 변화에 적응하지 못하고 시너지를 창출하지 못한다면, 한국 반도체 산업에 위기가 찾아오는 것은 시간 문제이다.

기술 및 경영 주체들이 변화에 적응하지 못하여 산업의 위기가 가시적으로 나타나게 되면 기술 및 관련 변수들의 지표는 하락한다. 기술은 경쟁력을 상실하고, 적시에 신제품을 출시하지 못하며, 원가 경쟁력을 상실하고, 시장 점유율은 감소하며, 기업의 재무 상황은 악화될 것이다. 그러다 결국 기업들은 시장에서 존재감을 상실하고 존립의 문제에 직면하게 된다.

이 같은 산업의 핵심 지수들이 악화된다면 이미 위기는 현실화된 셈이다. 이러한 위기를 극복하기 위해서는 막대한 대가를 치러야 하며, 그렇더라도 원상 복귀를 장담할 수 없다.

K 반도체 외부 위기 요인

기술 주도력의 위기는 결국 기업의 위기로 표출되고, 고스란히 한국 반도체 산업의 위기로 이어진다. 그렇다면 한국의 반도체 위기를 만드는 구체적인 요인들은 무엇인가?

이에 위기가 구현되는 여러 가지 요인들을 외부 요인과 내부 요인으로 나누어 알아보고자 한다. 우선 외부 요인을 살펴보자.

1) 새로운 반도체 수요 시장의 출현

새로운 시스템이 출현하면 그에 따라 반도체 시장의 수요 구조가 바뀐다. PC와 서버, 스마트폰이 주류였던 반도체 수요 구조는 자율 주행 및 친환경 차량 등의 모빌리티, 네트워크, AI 등의 출현에 의해 빠르게 변화하고 있다. 이에 따라 기존 반도체 기업들의 시장 영향력은 급속하게 변하고 있다.

이런 상황에서 한국의 반도체 산업이 시장을 주도하는 시스템의 수요 구조 변화에 발맞추지 못한다면 시장 영향력을 급속히 상실하게 될 것이다. 일례로 AI가 부상하자 시스템 반도체 분야에서 최고 기술력을 자랑하던 인텔의 CPU[1]는 병렬 처리 알고리듬이 탁월한 엔비디아NVIDIA의 GPU[2]에 밀려 시장 주도권을 넘겨 주어야만 했다.

2) 선진국들의 반도체 정책 변화

미국 등 선진국들의 반도체 정책 변화는 한국의 반도체 산업에 심각한 위협으로 다가온다.

그동안 세계 유수의 반도체 기업들과 선진국들은 치킨 게임에 지쳐 반도체 산업을 경제적 관점에서만 해석했고, 이에 따른 산업적 부담을 다른 산업들에 대한 육성으로 대체해 왔다. 그리고 한국과 대만의 반도체 기업들에 의존하여 경제·안보 정책을 구사해 왔다.

그러나 첨단 반도체 기술의 급속한 발전으로 인해 기술 자국화가 어려워진 데다 주요 반도체 제품을 한국과 대만의 공급망에만

---

1 Central Processing Unit: 중앙 처리 장치
2 Graphic Processing Unit: 그래픽 처리 장치

의존해야 하는 상황에서 한국이나 대만에 천재지변이나 전쟁 같은 변수가 발생하게 되면, 경제 붕괴는 물론 국가 안보에도 심각한 문제가 생기리라는 위기의식이 들자 상황이 달라졌다.

선진국들은 반도체 산업의 투자 위험성에 대한 충분한 인식과 더불어 경제 핵심 산업으로서의 반도체 산업, 안보 관건으로서의 반도체 산업을 새롭게 인식하게 되었다. 즉 반도체 산업을 일개 기업의 문제가 아닌 국가의 경제 및 안보 문제로 받아들이게 된 것이다.

이러한 인식을 바탕으로 반도체 산업이야말로 국가가 육성해야 할 핵심 기술이라는 판단하에 국가 차원의 과감한 육성 정책 및 원활한 경제적·법률적 집행을 위한 관련 정책 등이 수립되고 있다.

결국 선진국들의 반도체 산업에 대한 재인식 및 육성책은 반도체를 기업 차원을 넘어 국가 차원의 정책적 이슈로 격상시켰다. 이는 세계 반도체 시장을 구조적으로 재편시키는 핵폭탄급 파격 변수라고 할 수밖에 없다.

그에 반해 한국의 반도체 산업은 기업의 자체 경쟁력 우위를 바탕으로 세계적인 위상을 수성하고 있는 터라, 급변하는 외부 여건으로 인한 위기 인식이 선진국들에 비해 뒤처지고 있다. 그로 인해 한국 반도체 기업들은 미래 시장을 주도하는 세계 반도체 기업들과의 경쟁뿐만 아니라 선진국들의 지원 정책과도 경쟁해야 하는 버거운 상황에 봉착했다.

미국을 비롯한 여타 선진국들이 반도체 산업을 기업 간 이슈가 아니라 국가의 핵심 경쟁력이자 핵심 안보 이슈라고 심각하게 인식하고 있는 지금, 오직 한국만이 이를 기업 간 이슈로 여긴다면 미래는 불 보듯 뻔하다. 하루 빨리 편향된 해이함에서 벗어나 세계 반도체 시장의 근본적인 변화와 당면한 위기를 직시해야 한다.

3) 선진국들의 반도체 육성을 위한 전략적 블록화

한국은 반도체 산업의 중요성을 무역 수지의 중요성 정도로 안일하게 인식하고 있다. 반면 선진국들은 각국 정부의 반도체 산업에 대한 재인식 및 육성 정책에 힘입어 반도체 기업들뿐 아니라 반도체 수요를 창출하는 산업의 기업들까지 지원하고 있다. 현재 반도체 수요를 창출하는 산업의 기업들은 사용자 관점에서 반도체 개발에 주도적으로 참여하며 국제적으로 폭넓은 협력을 취하고 있다.

이처럼 반도체 시장의 게임 규칙은 완전히 새롭게 교체되고 있다. 게임의 판이 바뀌는 것이다. 앞으로 반도체 기업이 성공하기 위해서는 변화한 성공 방식을 충분히 인식하고, 적극적으로 기업의 비전과 전략을 바꿔 나가야 한다. 그리고 그 변화의 중심에는 국가와 산업 그리고 반도체 기업의 협력 및 공조가 존재해야 한다.

지금 선진국들은 '새로운 게임 규칙'에 맞춰 발 빠르게 반도체 산업의 의미를 재정립하고 있다. 또한 국가 주도하에 반도체 산업 관련 핵심 정책들을 수립하고 육성하는 한편, 뒤처진 자국 반도체 산업을 육성하기 위해 적극적으로 국가 간 협력 및 동맹을 맺으며 배타성을 가미한 블록화를 추진하고 있다. 일례로 미국은 반도체 제조 시설 투자에 대한 세금 공제를 제공하고, 유럽은 반도체 연구 개발 투자에 대한 지원을 확대하고 있다. 그리고 미국과 유럽은 반도체 연구 개발 협력을 위한 자체 연합체를 결성했다.

세계적인 기술 주도력을 선점하고 있는 한국의 관점에서 보면 이는 매우 심각한 도전이며, 심사숙고를 통해 이후 전략을 선택해야 하는 상황이다. 역으로 생각해 본다면 국제적 블록화가 심해질수록 어느 한쪽을 버려야 하는 상황에 처할 수도 있다.

한국 반도체 산업은 30여 년간 세계 1위를 유지해 온 저력과 경험을 보유하고 있고, 세계적으로 다양한 전략적 협력 관계를 구축하고 있다. 다양한 경험을 가진 경영진들 역시 건재하다. 이들이

합심한다면 이런 변화에 능숙하게 대처하리라고 확신한다.

다만 단기적이고 편법에 의거한 전략적 선택으로 오류를 범한 다면 머지않은 미래에 큰 위기를 초래할 수 있다. 한국 반도체 산업이 세계 1위 자리를 고수하기 위해서는 기업과 정부가 명확한 위기의식을 가지고 적극적으로 지혜롭게 대처해야 할 것이다.

K 반도체 내부 위기 요인

한국 반도체의 위기에 비단 급변하는 외부 요인들만 있는 것은 아니다. 기술, 자본, 인재 확보, 정부 정책 등 여러 가지 요인들이 있겠지만, 가장 큰 내부 요인은 다음의 두 가지라 할 수 있다.

1) 기술의 첨단화와 투자 예산의 방대화

반도체 공정 기술은 현재 3나노 수준까지 도달해 있다. 이는 물질의 기본 단위인 분자 단위의 가공 수준으로, 실리콘 가공 기술로서는 거의 한계치에 근접했다고 할 수 있다.

그러나 아직도 반도체는 인간의 뇌 신경과 비교하면 턱없이 느리고, 사용 에너지는 비효율적이다. 이에 반도체 기술은 공정의 가능 여부를 떠나 신기술을 찾아가는 혁신 여행을 계속할 것으로 보인다.

현재 나노 기술의 생산 능력을 수배로 확대하고 새로운 혁신 기술을 개발·활용하기 위해서는 수백억 달러 수준의 신규 투자가 꾸준하게 이루어져야 한다. 이것을 감당할 수 있는 반도체 기업은 세계적으로 몇 군데 되지 않지만, 다행히 삼성전자와 SK하이닉스는 그만한 잠재력이 있는 기업으로 여겨지고 있다. 하지만 삼성전자를 포함한 모든 국내 반도체 기업에 국가적 차원의 지원이 없는한 기술적, 자본적 위험은 상존한다고 본다.

2) 반도체 산업의 속성, 낮은 한계 원가

앞에서 언급했듯 반도체 산업은 기술과 자본이 집약된 산업이다. 끊임없이 새로운 기술을 개발해야 하고, 이를 위해 막대한 자본을 투자해야 한다. 하지만 안타깝게도 그로 인한 비용과 불확실성은 계측이 쉽지 않다.

이러한 과정을 거치며 성공해 온 나노 반도체 기술은 높은 고정비용과 낮은 한계 원가라는 특징을 갖게 된다. 그래서 세계 반도체수요가 극감하게 되면 이익 창출을 위해 무리해서라도 가격 경쟁을 할 수밖에 없다. 그렇게 한계 원가 측면에서 반도체 산업의 치킨 게임은 지속된다. 한계 원가를 낮추어 최고의 경쟁력을 보유하는 일은 기술력과 자본력을 가진 기업만 가능하다. 그리고 이러한 기업이 반도체 시장을 주도한다는 사실은 반도체 산업이 가진 근본적인 속성이자 위기 요인이 된다.

■ 한국 반도체 산업의 취약점

한국 반도체 산업은 메모리 반도체를 포함한 전 세계 반도체 산업에서 세계적 경쟁력을 보유하고 있지만, 그와 동시에 많은 취약점을 보이고 있다.

1) 메모리 반도체 위주

반도체 산업이 전반적으로 메모리 반도체에 편중되어 있다. 한국은 30여 년간 D램과 낸드 플래시 메모리에서 선전하며 세계 메모리 반도체 시장 1위 자리를 고수하고 있다. 이를 통해 메모리 반도체 강국의 입지는 확고해졌지만, 경기 변동에 불안정하다. 18개월 주기로 가격 등락이 반복되는 시장 특성상 메모리 가격 변동에 따른 매출 변화에 매우 민감하기 때문이다.

2) 소재·부품·장비(소부장) 기술의 높은 해외 의존도

반도체 핵심 소재·부품·장비 기술을 해외에 의존하고 있다. 세계 반도체 소부장 시장에는 경쟁력을 갖춘 한국 기업이 부재한 상황이다. 세계 반도체 장비 기업 톱20 중에 한국 기업은 2개[3]에 불과한 게 현실이다. 이런 상황은 소부장 기술 경쟁력이 낮아 해외에 대한 의존도가 높아지고, 이로 인해 다시 자국 소부장 기술 경쟁력이 약화되는 악순환으로 이어진다.

3) 취약한 시스템 반도체 산업

시스템 반도체 산업의 후발 주자인 한국은 여전히 경쟁력이 부족한 상태이다. 참고로 팹리스 시장에서의 한국 점유율은 2015년 1.4%, 2016년 1.7%, 2018년 1.4% 그리고 2020년 1.5%로 여전히 낮다. 그리고 파운드리 점유율 역시 대만과 큰 격차를 보인다. 2021년 1분기 파운드리 세계 점유율을 비교해 보면, TSMC(59%)는 삼성전자(13%)에 비해 무려 4배 이상 높다.

게다가 시스템 반도체 설계 분야에서 고급 인력의 부족, 초기 투

---

3 2021년 기준 세계 10위권의 반도체 및 LCD 제조 장비 전문 기업인 세메스, 15위권의 종합 반도체 디스플레이 장비 기업인 원익 IPS

자에 대한 부담, 핵심 IP⁴의 부족, 높은 시장 진입 장벽으로 인해 고전하고 있다.

이외에 협소한 반도체 내수 시장도 빼놓을 수 없다. 그러나 한국 반도체 산업이 이러한 역경을 겪으면서도 세계 1위를 고수해 왔다는 점을 감안하면, 위의 취약점들은 근본적인 문제가 아닌 부수적인 문제점일 수 있다.

—— Q&A ——

미국을 포함한 여타 선진국들은 자국 반도체 기술 및 제조 기반을 확보하기 위해 새로운 공급망을 구축하려고 다양한 정책들을 추진하고 있습니다. 한국 정부도 세계 반도체 강국이라는 입지를 굳히기 위해 2021년 5월에 향후 10년간 500조 원 이상의 민간 투자를 골자로 하는 'K 반도체 전략'을 수립했습니다. 그리고 2022년 10월에는 '반도체 등 12개 전략 기술'을 발표했는데요, 이에 대해 간략한 설명 부탁드립니다.

---

4 설계 자산

2021년 5월 산업통상자원부가 발표한 반도체 육성 전략의 핵심은 '2030년 세계 최고의 반도체 공급망 구축'을 위한 국가적 역량 수립 방안이었습니다.

구체적으로 살펴보면, 510조 원 이상을 투자하여 2000억 달러의 수출을 달성하기 위한 전략과 실천 과제를 명료하게 천명했습니다. 이를 위해 K 반도체 벨트를 조성하고, 세제 금융 지원 등 인프라 지원을 확대하며, 전문 인력 육성 및 차세대 기술 분야 선점을 통해 반도체 성장 기반을 강화하고, 위기 대응력을 제고한다는 것이 핵심입니다.

또한 2022년 10월 과학기술정보통신부는 '미래 성장과 기술 강국 도약을 향한 국가 전략 기술 육성 방안'을 발표했습니다. 이를 통해 반도체와 AI를 포함한 '12대 국가 전략 기술'을 선정했습니다. 그리고 집중적으로 지원할 '50개 세부 중점 기술'을 구체화하고, 단기-중장기 기술 개발 방향을 제시했습니다. 이러한 전략 기술을 육성하기 위해서 명확한 임무, 세부 목표를 설정하여 국가 역량을 결집하고 전략 기술을 선점하여 기술 주권을 확립하겠다는 것이 핵심입니다.

반도체 강국으로 세계적 위상을 굳히고 있는 한국의 정부답게 종합적이고 실천 가능한 산업 전략과 기술 전략을 잘 정리하여 정책으로 구현했다고 생각합니다. 그동안 막연했던 국가의 10년 비전이 산업과 기술에서 구체화된 느낌이었습니다. 이러한 비전과 전략 그리고 세부 실천 과제가 현실로 구현된다면 한국은 반도체 산업 및 기술 강국으로 확실하게 위상을 굳히게 될 것이라고 생각합니다.

최근 미국과 선진국들이 반도체 산업을 경제적·안보적 측면에서 재인식하면서 그들의 산업 기술 정책이 전방위적으로 급변하고 있습니다. 그에 반해 반도체 강국인 한국은 반도체 육성 정책을 주도적으로 수립하고 집행할 역량이 충분한데도 선진국들의 정책을 뒤늦게 답습해 가는 느낌을 줍니다.

그래도 정부가 10년 비전과 정책으로 반도체 산업을 다시 집중 육성 산업으로 선정하고, 나아가 균형 있게 12대 전략 기술을 집중적으로 육성하겠다고 천명한 점은 다행이라 하겠습니다. 또한 전략 과제의 선정과 육성 전략들은 실천 가능한 지금의 현실이 충분히 고려되었다는 점에서 상당히 고무적입니다.

한국은 경제 개발 정책으로 산업화를 이루어 냈고, 반도체 등 첨단 기술 분야에서 기술 주권을 확립한 국가입니다. 이러한 경험과 확신을 바탕으로 제시된 비전과 정책을 차근차근 실천해 간다면 10년 뒤 더 확고한 기술 주권 국가로 성장할 것이라고 생각합니다.

다만 10년 계획이라도 투자는 조기에 집행되어야 효과가 크기 때문에, 한시적으로 국가 경제에 부담이 될 수 있다고 생각됩니다. 정책은 수립보다 집행이 더 어렵다고 합니다. 더욱이 수시로 핵심 담당자가 바뀌고 정책의 우선순위가 바뀐다면 원대한 비전을 담은 장기 정책은 성공적으로 실현되지 못한 채 오히려 국가에 부담을 가중시키고, 종국엔 국가 역량만 분산시킬 위험이 있습니다.

그러한 위험을 방지하기 위해서는 정책 집행 조직의 전문성과 추진 역량, 국민적 공감대가 필요합니다. 결국 원대한 비전을 실현해 내는 주체는 바로 국민이기 때문입니다. 이미 반도체 산업이 기업의 문제가 아닌 국가적 문제로 격상된 만큼, 보다 실효성 있는 사업 전략을 세우고 실천할 수 있는 일꾼들을 국민이 눈여겨봐야 한다는 의미입니다. 이를 통해 경쟁국들보다 앞서 기술 주권을 확립할 수 있다고 생각합니다.

다시 언급하지만 원대한 비전은 조직 역량을 집중적으로 발휘하지 않으면 오히려 독이 될 수 있습니다. 그것이 바로 원대한 비전의 속성입니다.

한국 반도체 산업 앞에 도사린 위기를 극복할 수 있는지의 여부는 반도체 기술과 기업의 경영진, 정부 및 국민 정서 등 반도체 산업의 각 주체들이 어떤 비전과 위기의식을 갖는가에 달렸다.

또한 현재의 반도체 위상이 갖고 있는 사업 기반과 풍부한 경험을 미래의 성장 변수들을 통제하는 데 어떤 방식으로 활용할 것인가를 두고 명확한 공감대를 형성할 수 있다면 한국의 반도체 위험들은 의외로 쉽게 사라질 것이다.

위기는 인식하는 순간 그 실체를 드러낸다. 골든 타임을 놓치지 말고 그에 적절한 대응책을 실현할 때 위기는 결국 사라진다. 이 책의 일관된 주제가 바로 '한국 반도체 산업의 지속적 성장을 위한 현실적인 방안 모색'인 이유이다.

4장

세계 반도체 산업의
역사와 성장

세계 반도체 산업의 패권 다툼에 대해 거시적 관점에서 간략하게 설명해 주세요.

A. 세계 반도체 산업은 끊임없이 변화하고 있습니다. 반도체 기술은 빠르게 발전하고 있으며, 새로운 시장이 열리고 있습니다. 반도체를 사용하는 시스템들도 지속적으로 혁신되고 있고, 새로운 시스템들이 요구하는 반도체 특성도 끊임없이 변하고 있습니다.

그러나 변하지 않는 것도 있습니다. 바로 반도체에 대한 시스템들의 의존도가 높아져 가는 것, 더 나아가 반도체의 특성이 시스템의 기본 성능 유지의 핵심이라는 것입니다.

이러한 반도체 산업의 미래 역량을 재인식하게 된 선진국들은 반도체 산업을 자국화시키기 위해 다방면으로 애쓰면서 세계 반도체 시장에서 주도권을 확보하기 위해 패권 다툼을 치열하게 벌이고 있습니다.

세계 반도체 산업의 패권 다툼은 미국과 중국의 경쟁으로 요약

할 수 있습니다. 미국은 세계 반도체 산업의 중심에 있으며, 기술력과 수요량에서 세계 최고 수준을 자랑합니다. 그리고 중국은 빠른 속도로 반도체 산업을 육성시키면서 미국의 경쟁자로 부상하고 있습니다.

이러한 미국과 중국의 경쟁은 반도체 기술, 생산량, 시장 점유율, 규제 등 다양한 분야에서 벌어지고 있습니다. 미국은 중국의 반도체 산업을 견제하기 위해 칩스법 등 다양한 정책을 시행하고 있습니다. 중국은 미국의 견제를 뚫고 반도체 산업을 육성하기 위해 정부 차원에서 엄청난 금액을 쏟아붓고 있습니다.

미국과 중국의 반도체 경쟁은 결국 세계 산업의 패권을 가르는 중요한 변수가 될 뿐 아니라 세계 경제에도 엄청난 영향을 미칠 것입니다.

새로운 기술은 새로운 시스템을, 새로운 시스템은 다시 새로운 기술을 이끈다. 바로 반도체 산업의 순환을 그대로 보여 주는 말이다. 세계 각국의 상황은 다르지만 반도체 산업의 주도권을 쟁취하려는 목표는 동일하다.

반도체 전쟁은 한국을 비롯한 미국, 중국, 일본과 대만의 반도체 경쟁이다. 그리고 이들 간의 경쟁은 끊임없는 성장과 퇴보, 협력과 견제로 점철되어 있다.

반도체 5대 강국

반도체 5대 강국 중 앞장에서 살펴본 한국을 제외한 나머지 국가들, 미국과 중국, 일본과 대만의 반도체 산업 역사와 대표 기업들을 하나씩 살펴보고자 한다.

1) 미국

미국은 반도체 산업의 본고장답게 모든 반도체 기술이 결집되어 있는 나라이다. 그래서 반도체 개발의 역사는 미국 반도체 산업의 역사이기도 하다.

1946년에 윌리엄 쇼클리[1]가 트랜지스터를 발명했고, 1959년에는 잭 킬비[2]가 집적 회로의 원천 기술을 특허 등록했다. 1960년에는 강대원 박사가 오늘날 반도체 기술의 근본적 토대인 '금속 산화막 반도체 전계 효과 트랜지스터[3]'를 개발했다.

이러한 기술을 바탕으로 페어차일드 반도체 Fairchild Semiconductor Inc. 와 인텔이 중심이 되어 최초로 IC[4]를 생산했다. 그러나 1970년대 말 일본 기업들이 부상하면서 미국의 반도체 산업은 경쟁력을 상실했고, 많은 반도체 기업이 사업에서 철수하게 되었다.

그런 상황에서도 세계 반도체 시장의 절대 강자였던 인텔은 탁월한 기술력으로 2010년대 말까지 세계 1위를 유지했다. 그러나 PC 산업의 성장이 정체되고 스마트폰 같은 새로운 시스템 제품들

---

1 William Bradford Shockley

2 Jack Kilby

3 MOSFET: Metal-Oxide-Semiconductor Field-Effect Transistor, 모스펫

4 Integrated Circuit: 집적 회로

이 반도체 시장의 새로운 수요를 주도하자 반도체 매출 1위 자리를 삼성전자에게 내주고 말았다. 최근에는 대만의 TSMC에게 밀려 2위 자리도 내주면서 그 위상이 더욱 낮아졌다.

그래도 미국은 여전히 반도체 최강국이라고 해야 할 것이다. 메모리 반도체에서 마이크론 테크놀로지가 3강을 고수하고 있고, 바이폴라 트랜지스터[5] 및 아날로그 반도체 분야에서는 텍사스 인스트루먼트Texas Instruments가 시장을 장악하고 있다. 또한 시스템과 설계 분야에서 미국의 경쟁력은 탁월하다.

미국은 시스템 산업, 반도체 설계 산업, 반도체 생산 산업, 패키징 산업, 주변 산업(소재 산업과 장비 산업)으로 불리는 반도체 산업의 5개 영역 모두에서 여전히 최강자이다. 시스템 기술과 반도체 산업의 원천 기술을 보유하고 있기 때문이다. 그래서 반도체를 필요로 하는 시스템 기기인 PC, 서버, 스마트폰 그리고 향후 반도체 수요를 견인해 갈 자동차와 AI 분야, 첨단 무기 등에서 세계를 주도하고 있다.

반도체 제품은 시스템의 지능화를 주도하는 핵심 부품으로, 시

---

5 Bipolar Transistor: 양극성 트랜지스터

스템 강국인 미국은 반도체 산업의 신규 수요 주도국이자 강력한 소비국으로 반도체 산업의 성장을 주도하고 있다. 비록 반도체 제조 능력은 1990년 37%에서 2022년 10%대로 축소되었지만, 핵심 주요 장비 제조업체들은 미국에 있거나 미국의 영향력 아래 있다. 어플라이드 머터리얼즈Applied Materials, 램 리서치Lam Research, KLA가 미국 장비 기업들이며, 네덜란드 ASML도 많은 부품을 미국에서 공급받기 때문에 간접적으로 미국의 영향력 아래 있다고 볼 수 있다.

미국은 반도체 산업이 4차 산업 혁명의 성공, 첨단 기술 산업의 발전 및 국가의 미래 안보에 직접적인 영향을 끼치는 핵심 산업이라는 점을 최근에 재확인했다. 비록 반도체 원천 기술을 보유하고 있지만 필요한 대부분의 반도체는 한국과 대만에서 생산되는 데다가, 중국과의 갈등이 고조되어 양국의 반도체 생산 시설에 큰 변화가 생긴다면 미국의 주요 산업들이 심각한 피해를 입을 수 있기 때문이다. 추가로 중국의 반도체 산업이 급속도로 성장할 수 있다는 가능성 역시 무시할 수 없었다.

이에 미국은 외국에 의존하는 반도체 공급망을 조속히 자국 위주로 개편하는 일이 현실적으로 어렵다는 점을 감안해서 중국을 제외한 반도체 강국들과 협력하여 공급망을 재구축하는 방안을 강구했다. 그래서 반도체 첨단 공장을 미국에 건설하도록 적극적으로 유도했다. 그리고 중국 반도체 산업의 부상을 견제하기 위해 반도체 장비 기업들에게 첨단 장비들을 중국에 판매할 수 없도록 했다. 구체적으로 메모리는 14나노 이하 시설 장비들, 시스템 반도체는 18나노 이하의 시설 장비들을 중국으로 수출할 수 없게 제재했다. 그리고 한국, 대만, 일본과 함께 칩4 동맹을 결성하여 세계적인 공급망을 재편하고 공동 대응하고 있다.

또한 반도체 첨단 생산 시설의 50% 이상을 미국에 설립하도록 반도체 공급망을 육성하려는 목표를 세웠다. 이를 위해 '반도체칩과 과학법(일명 칩스법)'을 제정하고 520억 달러(약 69조 원)를 지원하여 반도체 생산 시설을 건설하도록 유도하고 있다.

그러나 현실적으로 미국 반도체 기업만으로는 단기간에 목표를 달성할 수 없다는 점을 감안해서 미국에 투자하는 외국 기업들에게도 지원을 확대하기로 했다. 다만, 투자 지원을 받는 업체는 중국에 추가 투자할 수 없다는 조건을 달았다.

이러한 미국 정부 정책의 최대 수혜자는 미국 기업인 인텔과 마이크론 테크놀로지로 예측된다. 그리고 이에 부응하여 인텔은 300억 달러의 투자를 공언하면서 적극적으로 파운드리 산업에 진출하기로 했고, 10년 내에 파운드리 부문에서 세계 2위 달성을 목표로 내세우고 있다. 인텔은 그들의 막강한 IP를 고객이 활용하도록 무료로 배포했고, 이스라엘 파운드리 기업인 타워 세미컨덕터Tower Semiconductor를 인수했다. 이것은 중기적으로 삼성전자 파운드리 사업을 앞지르겠다는 야심 찬 전략이다.

또 마이크론 테크놀로지는 총자산보다 더 많은 1000억 달러(약 130조 원)를 투자하여 뉴욕 근처에 메모리 반도체 시설을 건설하기로 했다. 그리고 과거 반도체 강자였고 지금도 최첨단 공정 능력을 보유한 IBM은 다시 반도체 산업에 진출하기로 결정했다.

엔비디아는 그래픽 처리 장치인 GPU로 세계 시장 점유율 90% 이상을 차지하고 있다. 원래는 게임용 칩으로 쓰이던 GPU는 AI의 발전과 더불어 가파른 성장세를 보이고 있다. 특히 대규모 AI 언어 모델을 훈련하는 데 필수적인 칩으로 떠오르면서 각광을 받고 있다. 그로 인해 2023년 5월 기준으로 시가 총액 1조 달러를 돌파했다. 또 다른 미국 기업인 AMD도 GPU 시장에서 엔비디아의 뒤를 삼성전자와 함께 집요하게 추격하고 있다.

이러한 국가 정책의 수혜자는 미국의 반도체 산업뿐만 아니라 시스템 산업 및 방위 산업이 될 것이다.

2) 대만

1980년대까지 대만 경제는 대기업보다 중소기업 위주로 돌아갔다. 그러나 정부가 적극적인 육성 의지를 가지고 신주新竹과학 단지를 세우고 중국 시장을 십분 활용하면서 정보 산업이 발전했다. PC 관련 기업과 소규모의 디자인 기업들이 우후죽순처럼 생겨났고, 한국과 일본 및 유럽으로부터 필요한 기술들을 도입했다.

1987년에는 정부 자금으로 TSMC라는 국유 파운드리 기업을 세우고 책임자로 반도체 전문가인 모리스 창[6]을 영입했다. 그리고 반도체 설계 업체로부터 위탁받아 반도체를 생산하기 시작했다.

TSMC는 웨이퍼 수탁 가공을 전문으로 하는 기업이다. 세계 기업들이 반도체 제품의 일관 생산[7]에 몰두할 때, 모리스 창은 설계 기업들이 위험은 크고 막대한 자본이 소요되는 반도체 설비 공장에는 투자할 수 없지만 생산 시설에 대한 수요는 많다는 현실을 간파했다. 그래서 반도체 설계자들의 설계를 받아 전문적으로 제품을 생산하는 사업 모델을 가진 반도체 공장을 설립했다.

---

6 Morris Chang

7 IDM: Integrated Device Manufacturer, 종합 반도체 기업

파운드리 사업이라는 새로운 모델은 초기에 큰 주목을 받지 못했다. 그러나 대만 정부가 참여함으로써 대규모 생산 공장을 건설할 수 있게 되었다. TSMC가 설계 전문 기업과의 협력으로 시너지를 창출하게 되면서 대만의 반도체 산업이 활성화되었다.

TSMC보다 먼저 출발한 반도체 기업 UMC^{United Microelectronics Corporation}가 경영에 많은 어려움을 겪었던 점을 감안할 때, 모리스 창의 파운드리 사업 모델에 대한 혜안은 오늘날 대만 반도체 산업의 성공 요인이라고 할 수 있다.

파운드리 모델은 당시 대만 정부가 육성하려고 한 팹리스 기업의 니즈와 잘 맞았는데, 이를 통해 파운드리 산업은 견고하게 성장할 수 있었다. 팹리스 기업은 막대한 설비 투자의 부담에서 벗어나 TSMC가 이미 구축해 둔 표준화된 공정에 맞춰 설계를 넘기기만 하면 되었다. 이를 통해 조기에 저원가로 반도체 생산이 가능했다. 그렇게 고객들에게 수익성 있는 가격에 반도체 제품을 공급할 수 있었다.

착실하게 사업 영업을 넓혀 가던 TSMC는 PC 시대를 지나 스마트폰 시대를 맞아 반도체 생산 시설을 갖추지 않은 대형 고객인 애플^{Apple}, 퀄컴^{Qualcomm}, AMD 등으로부터 대량 주문을 받아 사업을 급속도로 성장시킬 수 있었다.

과거 PC 기업들은 시스템 설계에 집중했고, 핵심 부품인 CPU는 인텔에 의존했다. 그래서 인텔의 협조하에 그들의 반도체 성능과 공급 능력을 바탕으로 충분히 사업을 계속할 수 있었다. 그러나 스마트폰 기업들은 시스템의 성능을 차별화하기 위해 핵심 부품인 AP[8]를 독자적으로 설계하고 생산은 외부에 위탁하는 사업 모델을 선택했다. 이에 표준화된 공정으로 외부 설계를 위탁받아 전문적으로 생산하는 TSMC 같은 파운드리 기업은 새로운 사업 기회를 얻게 되었다.

스마트폰의 생산이 급증하자 파운드리 산업도 이에 비례하여 급속도로 성장하기 시작했다. 그리고 이런 산업 모델이 다른 시스템 기업으로 확산되면서 파운드리 산업은 시스템 반도체 산업의 핵심 생산 모델이 되었다. 이에 힘입어 TSMC는 삼성전자, 인텔과 함께 세계 3대 반도체 업체로 성장했다.

대만은 파운드리 산업을 중심으로 오늘날 반도체 강국으로 자리 잡게 되었다. 그리고 파운드리 기업인 TSMC와 UMC, 패키지 기업인 ASE Advanced Semiconductor Engineering, Inc, 팹리스 기업인 미디어텍

Media Tek, PC 제조 기업인 에이서Acer, 글로벌 웨이퍼스Global Wafers 등으로 견고한 파운드리 반도체 생태계를 만들었다.

3) 중국

중국의 반도체 산업은 정부가 1990년대에 5대 핵심 육성 산업 중 하나로 지정하면서 시작되었다. 제조업을 육성하기 위해 적극적으로 해외 투자 자본을 유치하려는 정책을 성공적으로 추진한 중국은 제조업 강국으로 성장해 갔고, 제조업의 필수 부품인 반도체에 대한 수요가 급속도로 증가했다.

2000년대 초반, 많은 해외 반도체 기업들이 12인치 웨이퍼 공장을 중국에 건설·운영하게 되면서 중국의 반도체 산업은 가파른 성장세를 이어갔다. 이에 자신감을 얻은 중국 정부는 신설 반도체 제조 기업인 칭화유니에 수년간 1000억 달러 이상을 투자했다.

그러나 중국 정부 주도의 반도체 산업은 여전히 성공하지 못하고 있다. 현재 중국은 외국 반도체 기업들이 투자한 12인치 웨이퍼 첨단 공장과 중국 기업들의 중급 해상도 공장을 가동하여 반도체 제품을 생산하고 있다. 중국 정부는 적극적인 반도체 육성 정책을 수립하여 최첨단 반도체 공장을 건설하려고 애쓰고 있지만, 미국의 중국 반도체 생산에 대한 강력한 제재가 시작되면서 발전에 제동이 걸렸다.

미국의 제재 정책은 상당 기간 중국의 반도체 산업 성장을 억제할 것으로 예측된다. 미국이 지정한 반도체 기술이나 장비를 더 이상 수입하지 못하게 된 중국은 자체적으로 기술을 개발하거나 기존 시설을 이용해 개발 가능한 반도체를 생산하여 중국 내 반도체 수요를 충족시켜야 할 뿐만 아니라 장기적인 성장 방안도 모색해야 한다.

동시에 중국 정부는 반도체 성장을 저해하는 외부 요인을 제거하기 위해 다방면으로 노력해야 한다. 미국의 제재에 효과적으로 대응하는 한편, 세계 반도체 수요의 4분의 1에 달하는 거대한 중국 시장을 노리고 중국에 진출해 있는 반도체 기업들을 활용하거나 협조를 구하는 등의 다양한 방법으로 반도체 산업의 활로를 찾아야 할 것이다.

중국은 14나노 이상의 메모리 공정과 18나노 이상의 시스템 공정의 반도체 시설을 집중적으로 설립하여 중국 내 반도체 수요를 충족시키고, 저전력이 장점인 실리콘 카바이드 기판의 전력 반도체 같은 새로운 기술을 활용한 반도체 생산을 통해 돌파구를 찾아낼 것이다. 또 첨단 기술을 우회 수입하거나 신기술을 독자 개발하면서 반도체 산업을 육성하는 등의 다양한 방안을 모색할 것으로 보인다.

거대한 반도체 시장과 막대한 국가 예산 그리고 이미 토착화된 기술이 있으니 중국은 결국 성공할 것으로 예상된다. 문제는 얼마나 많은 대가를 지불해야만 중국 내 수요를 충당하면서 세계 반도체 시장에서 선진국의 기업들과 대등하게 경쟁할 수 있느냐이다. 이 시기가 언제 올 것인가에 따라 각국의 반도체 산업은 큰 영향을 받을 것이다.

4) 일본

일본은 한때 반도체 강국이었다. 1980년대 일본의 6대 전자 기업들은 모두 메모리 반도체를 생산했다. 이때 일본의 반도체 제품은 질과 양 모두 세계 최고였으며, 압도적으로 시장을 지배했다. 일본은 메모리 반도체 생산을 주축으로 반도체 각 공정별 첨단 장비, 반도체 생산에 필수적인 소재 및 부품에서 세계 최고 기업들을 다수 보유하고 있었다.

당시 반도체의 생산 공정별 장비들도 대부분 일본산이었다. 포토 공정의 니콘Nikon과 캐논Canon, 확산 공정의 도쿄 일렉트론TEL: Tokyo Electron Limited과 고쿠사이 일렉트릭Kokusai Electric은 첨단 장비 기업들이었다. 반도체 소재들인 웨이퍼, 가스, 케미컬, 쿼츠[9] 부문에서도

---

9 Quartz: 고순도 석영

일본 기업들은 성능과 품질 면에서 압도적이었다. 우수한 성능의 소재들은 지금도 반도체 공급망에서 독보적인 역할을 하고 있다.

그러나 1980년대 미국의 슈퍼 301조 및 적극적인 반덤핑 공세, 그에 더해 장기적인 반도체 산업의 초경쟁은 일본 반도체 기업들의 수익성을 약화시켰고, 결국 대부분 회사가 반도체 사업으로부터 철수하는 결과를 가져왔다.

급기야 일본의 반도체 산업은 도시바Toshiba가 플래시 메모리, 소니가 CMOS 이미지 센서[10]를 생산하는 수준으로 전락했다. 게다가 도시바는 채산성이 악화되어 정부의 보조금으로 겨우 사업을 지속하고 있다. 다만 주요 공정의 일부 장비와 웨이퍼, 주요 케미컬 제품으로 반도체 강국의 흔적을 유지하고 있다.

일본 정부는 반도체 산업을 핵심 전략 산업으로 재육성하기 위해 다양한 지원 정책을 추진하고 있다. 2030년까지 반도체 산업 매출을 142조 엔으로 늘린다는 목표를 세우고, 이를 위해 정부가 반도체 연구 개발 투자를 확대하고 반도체 공장 설립을 지원하고

---

10 Complementary Metal Oxide Semiconductor Image Sensor: 카메라 렌즈로 들어오는 빛을 디지털 신호로 바꿔서 이미지를 생성하는 시스템 반도체

있다. 또한 반도체 산업 인재 양성을 위해 노력하고 있다. 최근 반도체 산업을 육성하기 위해 대만의 TSMC 반도체 공장을 소니가 소재하고 있는 구마모토현에 유치했다. 그리고 이곳에 반도체 전공 학과를 설치하여 반도체 전문 인력을 양성하고 있다.

더불어 일본 기업들도 첨단 기술 개발에 투자하고 있다. 일본의 반도체 기업인 르네사스 일렉트로닉스^{Renesas Electronics Corporation}는 SiC 기반 전략 반도체 사업에 참여한다고 밝혔다.

또한 소니는 2022년 12월에 TSMC와 협력하여 자율 주행 차량용 반도체를 개발하기로 합의했다. 이 협력을 통해 소니는 자율 주행 차량용 반도체 시장에서 경쟁력을 강화할 것으로 보인다.

여전히 반도체 소재 산업에서 독보적인 존재인 일본은 반도체 기술의 종주국인 미국의 IBM과 긴밀한 협력 체제를 구축하면서 2나노 기술 개발을 위한 공동 연구소를 설립·운영하는 등 그동안 부실했던 반도체 산업을 육성하기 위해 절치부심하고 있다. 이러한 정부와 기업들의 노력이 결실을 맺는다면 일본은 다시 반도체 강국의 위치를 회복하면서 한국 반도체 기업들에게도 많은 영향을 끼칠 것이다.

WINNING
SUSTAINING
DOMINATING
K-SEMICONDUCTOR

FUTURE

K 반도체의
내일을 예측하다

Q. 반도체 시장의 변화는 이제껏 그래왔듯이 앞으로도 끊임없는 부침을 거듭할 텐데요. 이에 대비하기 위해서는 반도체 산업을 관통하는 장기적 비전 및 방향성이 필요하다고 봅니다.

반도체 산업에 애정을 가지고 계신 전문가 입장에서 반도체 산업의 부침에 대응하기 위해 필요한 점들에 대해 조언해 주시면 좋겠습니다.

A. 본질적인 질문에 대한 대답은 원칙적인 관점에서 할 수밖에 없습니다. 구체적인 대답은 본질적인 질문을 망라할 정도로 일반적이지 않기 때문입니다.

반도체는 순환 경기의 산업입니다. 기술 발전으로 주도되는 공급 그리고 혁신적이고 새로운 시스템 기기로 창출되는 수요의 균형은 장기적으로 지속될 수 없으며, 그로 인해 경기는 부침을 거듭합니다. 경기의 부침은 수요와 공급의 불일치를 초래합니다.

어느 반도체 기업이 침체된 수요 부족 상황에서도 실재할 수요의 본질을 잘 파악하여 그에 적합한 제품을 차별적으로 공급할 수 있다면, 그 기업은 지속적으로 성장할 수 있습니다. 이것이 가능하려면 미래 수요의 속성을 정확하게 파악하고 기술적인 해법을 찾아 선제적으로 공급할 수 있어야 합니다.

다른 한편으로는 반도체 기업의 기술적 혁신으로 수요의 특성을 유도할 수 있는데, 이는 침체 경기에 대한 가장 바람직한 해법이겠지요.

경기 부침에 대한 대책은 시장 수요에 대한 선견적 파악 및 기술혁신을 통해 적시에 적합한 제품을 공급하는 게 핵심입니다. 그렇게 해서 한 시대에 구축한 기반은 다음 시대에서 성공의 밑그림이되고, 여기에 끊임없는 기술 혁신을 추가하면 시장을 주도할 수 있게 됩니다. 이러한 반도체 기업은 지속적으로 성장할 수 있습니다.

한국의 반도체 산업은 이제까지 이러한 혁신에 힘입어 성공해왔습니다. 그러나 끊임없이 변화해 가는 미래 기술 산업은 한국의 반도체 산업에 수많은 도전으로 다가올 것입니다. 그 도전 속에서 경영진과 기술진 그리고 마케팅의 축적된 자산들은 든든한 기반이 되어 혁신에 가속을 붙여 줄 거라고 기대합니다.

5장

한국 반도체 산업의
미래 성장 전략

Q. 한국 반도체 산업은 지난 수십 년 동안 빠르게 성장해 왔고, 그 선두에 삼성전자와 SK하이닉스 같은 기업이 있습니다. 2022년부터 삼성전자가 파운드리 전문 기업인 TSMC에게 반도체 시장 점유율에서 밀린다는 소식이 들리고 있습니다. 그 이유는 무엇인가요? 만약 밀리지 않고 있다면 왜 그런 이야기가 들리는지, 어떤 부분에서 삼성전자가 TSMC에 앞서고 있는지 말씀 부탁드립니다.

A. TSMC는 파운드리 기업으로, 1987년 대만 정부의 집중적인 지원을 받으며 사업을 시작했습니다. TSMC는 사업 초기부터 파운드리 사업 모델을 개척했고, 경쟁자 없이 파운드리 시장을 주도해 왔습니다. 현재 파운드리 부문은 물론 반도체 매출 종합 세계 1위(27조 원)로, 삼성전자(25조 원)와 인텔(22조 원)의 매출을 뛰어넘었습니다.

TSMC가 이렇게 성장할 수 있었던 이유는 반도체 시장을 주도하는 시스템이 PC에서 스마트폰으로 바뀌면서 CPU 대신 AP가 반도체 수요를 이끌기 때문입니다. 스마트폰 기업들은 팹리스로서, 자체 생산 시설이 없기 때문에 설계한 AP의 생산을 파운드리 업체에

외주 가공하고 있습니다.

고객사의 설계도를 받아 반도체를 위탁 생산하는 TSMC는 고객사의 기밀을 보장하고 그들과 경쟁하지 않는다는 약속을 영업 전략으로 내세우고 있습니다. 생산 의뢰 제품의 적시 인도와 기술 비밀 유지가 고객사 입장에서 매우 민감한 부분이라는 점을 잘 이용한 셈입니다. 충분한 생산 능력을 보유하고 있다는 점을 증명하며 고객사에게 신뢰감을 주는 점도 빼놓을 수 없는 장점입니다. 또한 TSMC는 자체 공정 특허를 지속적으로 확보하면서 파운드리 사업의 시장 기반을 구축하고 있습니다.

이렇게 TSMC는 파운드리 기업 고유의 경영 정책들을 장기적으로 유효하게 운용하면서 세계 유수의 팹리스들을 고객으로 확보했습니다. 그리고 첨단 공정 개발에 지속적으로 투자하고 있습니다. 이러한 노력이 처음부터 지금까지 독보적인 파운드리 기업으로 유지하게 만들어 주었습니다.

사업 모델 측면에서 삼성전자는 TSMC와는 다른 사업 경영 철학을 가지고 있습니다. 삼성전자는 IDM 회사로, 설계와 생산을 통합하는 사업 모델을 추구합니다. 이는 메모리 반도체에 적합한 사업 모델입니다.

메모리 반도체 세계 1위인 삼성전자는 설계 능력과 세계 최첨단 공정 능력 그리고 반도체 시장 변화를 읽는 탁월한 마케팅 능력을 동시에 보유하고 있습니다. 이런 점은 향후에도 삼성전자가 가진 경쟁력의 원천이 될 것입니다.

또한 삼성전자는 2019년 4월 '시스템 반도체 비전 2030'을 통해 시스템 반도체[1] 사업을 또 하나의 미래 비전으로 내세웠습니다. 삼성전자의 미래 비전은 메모리 반도체 부문 1위를 유지하는 동시에 시스템 반도체 부문에서도 1위를 차지하겠다는 것이 골조입니다. 삼성전자가 세계 1위 반도체 기업이었다고는 하지만 TSMC가 파운드리 부문에서 압도적인 1위를 달리고 있는 상황을 감안할 때 대단히 도전적인 비전 설정이라고 생각할 수 있습니다. 특히 파운드리 부문의 주요 고객사들이 자사 기술의 유출에 민감하다는 점을 고려하면 삼성전자의 미래 비전은 고객사와 경쟁하는 모양새

---

1 비메모리 반도체

가 됩니다. 삼성전자가 이처럼 미묘한 이슈들을 어떻게 성공적으로 극복해 갈지가 관건이라고 하겠습니다.

 최근 삼성전자의 반도체 최고 경영자는 5년 내에 공정 기술면에서 TSMC를 따라잡겠다고 공언했습니다. 불과 1년 전까지 세계 1위 반도체 기업이었던 삼성전자가 1위 재탈환 의지를 표현한 것이니 그 결과를 예의주시해야 할 것입니다.

 이처럼 삼성전자의 반도체 사업 비전은 TSMC의 비전과 다릅니다. 그러나 파운드리 세계 2위로서 향후 파운드리 사업을 강화하겠다는 삼성전자의 계획을 고려해 보면 향후 양사의 경쟁 관계가 격화될 것으로 예측됩니다.

 삼성전자는 3나노 공정에서 차세대 트랜지스터 구조인 GAA[2]를 사용함으로서 핀펫 방식[3]을 통해 3나노 기술을 구현한 TSMC보다

---

2 Gate-All-Around: 게이트 올 어라운드, 트랜지스터에서 전류가 흐르는 채널의 4개면을 게이트
   가 둘러싸는 형태
3 FinFET: 트랜지스터에서 전류가 흐르는 채널의 3개면을 둘러싸는 형태

6개월이나 앞서 3나노 공정의 개발을 성공했습니다.

게다가 3나노 공정에서 수율이 상승했습니다. 그리고 10-4나노 공정도 안정화되었으며, AMD와 엔비디아, 퀄컴, IBM 같은 큰 고객사들의 물량 주문도 증가하고 있습니다. AI 반도체가 활성화되면서 HPC용 반도체 파운드리의 비중이 커지고 있는 점 역시 삼성전자에게 큰 기회로 작용할 것입니다.

또한 삼성전자는 2나노 이하 공정에서 GAA를 도입하겠다는 TSMC를 같은 GAA를 이용하여 압도적인 격차로 경쟁력에서 앞서겠다는 야심 찬 계획을 가지고 있습니다.

파운드리 부문에서 삼성전자의 장점은 탁월한 공정 능력입니다. 고객사는 원가 경쟁력이 충분한 공급자를 선호하다는 점을 감안하면 파운드리 부문에서 향후 삼성전자의 성장 가능성은 크다고 생각합니다.

삼성전자가 고객 기반과 생산 능력 측면에서 앞서고 있는 TSMC를 얼마나 빠르게 추격할 수 있을지는 세계 반도체 업계의 큰 관심거리입니다. 물론 반도체 업계의 또 다른 강자인 인텔이 그들의

IP를 자산 삼아 파운드리 사업에 진출하겠다는 선언을 실천에 옮기고 있는 상황이니, 앞으로 파운드리 산업에는 3사 간의 치열한 경쟁이 있을 것으로 예상됩니다.

한국의 반도체 산업은 메모리 위주의 산업 구조를 가지고 있다. 반도체 공급망 또한 메모리 반도체 위주로 집중되어 있다. 메모리 반도체는 최첨단 시설에서 생산해야 경쟁력을 유지할 수 있기에 첨단 시설 건설에 막대한 금액을 투자해야 한다. 그리고 범용적인 상품성으로 인해 제품 간 대체 가능성이 커서 경기가 하강할 때 가격 인하 경쟁이 치열하고 수익성이 극심하게 악화된다. 게다가 막대한 투자 자금의 회수도 어려울 수 있다. 이러한 문제들을 선제적으로 어떻게 극복하느냐가 메모리 반도체 산업에서의 성공 요소이다.

한국 반도체 산업의 해결 과제

메모리 반도체 산업 중심의 한국은 산업 구조가 웨이퍼 팹에 집중되어 있다. 반도체 설계 전문 기업들의 미성숙, 해외 업체에 의존하는 핵심 소재들, 주요 장비 산업들의 국내 기반 취약, 후가공 산업인 패키지 산업 역시 반도체 산업의 건전한 성장에 제약이 되고 있다. 한국 반도체 산업이 한 단계 더 도약하려면 이처럼 취약한 생태계를 균형적으로 육성할 필요성이 있다. 특히 향후 새로운 반도체 시장의 창출 주체가 AI와 로봇, 자율 주행 자동차라고 볼 때 시스템 반도체 성장을 위한 철저한 대책들과 비전을 통해 한국 반도체의 위상을 견고히 구축해야 한다.

더구나 반도체 산업을 국가 경제·안보 산업으로 인식한 미국의 강력한 자국 산업 육성 정책으로 인해 한국의 반도체 산업은 최대의 기회와 위기를 동시에 맞고 있다. 이 문제에 대한 범국가적인 대비책 여부가 한국 반도체 산업의 미래 위상을 결정할 것이다.

그렇다면 이 같은 상황들을 종합해 볼 때 한국의 반도체 산업이 해결해야 할 과제에는 구체적으로 어떤 것들이 있을까? 다음과 같이 정리할 수 있다.

1) 반도체 산업 구조 개선

한국 경제는 반도체 산업의 비중이 높다. 그리고 한국 반도체 산업은 메모리에 지나치게 치중하고 있어서 메모리 산업의 부침에 따라 국가 경제 지표가 달라진다. 따라서 핵심 산업인 반도체 산업의 제품 구조를 다원화시키고 시스템 반도체, 파운드리 등 고부가가치 제품 개발에 집중하여 한국 경제의 불확실성 요인을 제거해가야 한다.

또한 국가 산업주의, 반도체 기술의 국가 안보화로 인해 세계 반도체 산업이 국가별 육성 전략을 구사할 때 반도체를 수출하는 한국은 판매 시장 유지에 많은 애로를 느낄 것이다. 메모리 반도체 제품은 성능과 가격으로 승부해야 하기에, 현재와 같은 상황이 지속되면 반도체 기업의 생존에 한계가 올 수 있다. 결국 시스템 산업의 발달 같은 국내 시장의 수요 창출과 해외 판로 확보를 위한 장기적인 방안을 강구해야 할 것이다.

2) 원가 경쟁력 강화

반도체 산업은 각국의 반도체 산업 육성 정책이 성과를 거두는 시점에서 심각한 공급 과잉이 상당 기간 계속될 것이다. 또한 반도체 산업은 높은 고정비와 낮은 변동비 그리고 학습 효과로 인해 한계 원가가 대단히 낮아서 수요가 감소하면 공장 최소 가동률 확보를 위해 출혈을 각오하고 가격 인하 경쟁을 하지 않을 수 없다.

이러다 보면 결국 원가 경쟁력 확보가 메모리 반도체 산업 성장의 관건이 될 것이다. 지속적인 성장의 원동력이 되는 원가 경쟁력의 확보는 기술 수준과 기술 인력의 확보 및 핵심 소재·장비의 차질 없는 조달에 의존하게 될 것이며, 이를 위해 전략적인 협력의 필요성이 증가할 것이다.

3) 시스템 산업 육성

반도체 산업의 발전과 시스템 산업의 발전은 상호 밀접하게 연관되어 있는데, 반도체 산업의 지원 없이는 미래의 시스템 산업이 발전할 수 없다. 그리고 반도체는 핵심 산업이지만 결국 부품이다. 시스템 산업이 발전해서 반도체를 사용해야 반도체 산업이 성장할 수 있다.

한국 반도체 산업은 메모리 위주로 발전해 왔지만 향후 반도체 제품들을 다각화하기 위해서는 시스템 산업의 성장이 강하게 받쳐 주어야 한다. 한국의 4차 산업 혁명은 AI, 로봇, 자율 주행 차량 등 시스템 산업들의 성공적인 발전으로 가능하며, 시스템 산업들이 성공적으로 발전해야 한국 반도체 산업이 강화되어 시장을 계속 주도할 수 있다.

이러한 시스템 산업들을 육성하면 자연스럽게 시스템 반도체의 설계 시장이 확대될 것이며, 더불어 국내 파운드리 산업도 활성화될 것이다. 나아가 메모리 반도체 수요도 안정적으로 증가할 것이며, 국내 반도체 자립 기반도 강화될 것이다.

한국 반도체 산업의 5가지 성장 전략

이제는 진검승부의 시대이다. 국가 간 치열한 경쟁 속에서 살아남아야 하는 한국의 반도체 산업은 압도적 격차를 유지한 채 새로운 돌파구를 마련해야 하는 쉽지 않은 상황에 놓여 있다.

반도체 산업은 기술과 자본의 집약성이 높아 경쟁이 치열하다. 그리고 경쟁의 승자는 점차 시장 지배력을 강화시켜 간다. 일례로 삼성전자, 인텔 및 TSMC가 각 분야에서 독보적으로 시장 점유율 50%를 상회하고 있다. 이러한 상황에서 반도체 강국들은 정책적 지원과 막대한 보조금을 제공하면서 반도체 산업의 자국화를 적극적으로 강구하고 있다.

각국의 반도체 공급 확대 정책은 수급의 불균형을 초래할 수도 있다. 이제까지 공급 초과 상황은 메모리 부문에선 익숙한 상황이었지만, 향후 파운드리 부문에서도 발생할 수 있다. 파운드리 부문의 공급 초과 상황은 메모리 부문보다 더욱 혹독한 시련을 초래할 것으로 우려된다. 이러한 공급 초과 상황이 온다면 반도체 기업은 물론 국가에도 큰 부담이 될 것이다.

한국의 반도체 산업은 이러한 미래 공급망 재편의 위험을 예견하고 대비하면서 향후 다음과 같은 생존 전략을 구사해야 할 것이다.

1) 메모리 반도체의 시장 지배력 유지

2023년 1분기 한국의 메모리 반도체 시장 점유율은 67%[1]에 달한다. 이처럼 높은 점유율을 계속 유지하기란 쉽지 않을 것으로 전망되지만, 메모리 반도체 산업의 특성들을 이해한다면 점유율은 오히려 더 높아질 수 있다. 메모리 반도체 시장이 전체 반도체 시장의 1/3이나 되는 만큼 한국은 메모리 반도체 시장을 굳건하게 지켜야 한다. 이것이 한국 반도체 산업의 제1 성장 전략이어야 한다.

메모리 반도체 산업은 기술 집적도와 원가 경쟁력을 보유한 기업에 의해 시장이 주도된다. 메모리 반도체 제품은 성능이 표준화되어 있어서 초과 수요나 초과 공급 시 제품 가격의 변동성이 커서 큰 폭으로 등락한다. 게다가 기술 집적도가 높고 가격 변동 폭

---

1 삼성전자 43.2%, SK하이닉스 23.9%

이 커서 재고를 보유하면 손실 위험이 매우 크다. 따라서 반도체 기업은 재고 보유보다는 처리를 우선으로 하게 된다. 그래서 미세한 초과 공급 상황에서도 가격이 대폭 하락하는 경향이 있다.

이런 메모리 반도체 제품의 특성이 경기 하강을 만나면 가격은 이론적으로 한계 원가까지 추락하게 된다. 최악의 시장 상황에서는 가장 경쟁력 있는 선두 기업의 한계 원가까지 하락하게 된다.

그렇게 되면 최고 원가 경쟁력을 보유한 회사만 살아남고 2위와 3위 기업은 견딜 수 없는 상황에 몰린다. 이것이 바로 삼성전자가 30여 년 동안 세계 1위를 유지해 온 비결이다. 즉 한국의 반도체 산업 성장 전략은 '최고의 원가 경쟁력을 어떻게 유지할 것인가?'이다.

이를 위해서는 최고의 집적도를 유지하기 위한 기술 개발 능력과 첨단 공정 능력을 유지해야 한다. 그리고 최고의 기술 인력을 확보하고 최신 첨단 장비를 보유하기 위해 지속적으로 투자해야 한다. 국가적 차원의 지원 없이 막대한 투자 및 고급 기술을 보유할 수 있는 기업은 세계적으로 얼마 되지 않는다. 따라서 메모리 반도체 강자인 한국은 지속적인 투자와 고급 기술 인력의 확보 그리고 탁월한 경영 능력을 통해 메모리 반도체 분야의 시장 지배력을 확고하게 유지해야 한다.

향후 메모리 반도체는 시스템 반도체와 결합해 복합 반도체로 다양하게 개발되면서 시장을 확대해 갈 것이라고 전망된다. 일례로 AI용으로 개발되어 판매되고 있는 PIM[2]은 복합 반도체의 일종이다. 한국 기업이 메모리 반도체 1위를 고수하기 위해서는 이러한 시장의 새로운 추세에 적극적으로 대응해야 한다.

2) 파운드리 산업의 강화

2023년 1분기 한국 파운드리 산업은 세계 시장의 13%를 점유(TSMC 59%)하고 있다. 삼성전자는 메모리 반도체 분야에서 쌓은 최고의 반도체 기술력을 파운드리 분야에 전수하여 공정에 관한 한 파운드리 부문에서도 TSMC에 뒤지지 않는다. 현재 3나노 공정에서도 GAA 기술로 이미 TSMC보다 앞선다는 평가를 받고 있다.

삼성전자가 파운드리 산업에서 TSMC에 뒤지고 있는 이유는 기술력이 아니라 마케팅 전략이 가진 근본적인 취약점 때문이다. 이것은 스마트폰, AI & 로봇, 전장 부품 등 시스템 분야에서도 세계 1위를 겨냥하고 있는 삼성전자의 숙명이기도 하다.

빅테크 기업인 팹리스 시스템 반도체 기업들은 메모리 반도체 제품뿐만 아니라 시스템 반도체 제품도 생산하는 삼성전자에 자

---

2 Processing In Memory

신들의 고유한 시스템 반도체 기술이 유출될 수 있는 위험을 경계한다. 그래서 빅테크 기업들은 삼성전자의 파운드리 서비스를 회피할 수 있다.

이와 관련해 TSMC는 "고객과 경쟁하지 않는다."는 철학을 내세우며 고객사들에 어필하고 있다. 삼성전자는 그러한 취약점을 극복하기 위한 대책으로 파운드리 사업을 분리할 수 있다. 실제로 그런 의견들이 항간에 교환되고 있다. 이에 대한 선택은 삼성전자 경영진이 할 일이다. 그러나 분리한다고 해서 고객사들의 우려가 완벽하게 불식되지는 않을 것이다. 분리한 회사가 삼성그룹 내에 남아 있으면 고객사들의 불안은 계속될 것이기 때문이다.

또한 삼성전자가 파운드리 사업을 매각해서 완전히 분리했을 때 독립된 회사가 시장 경쟁에 필요한 자원을 계속해서 확보하고 기술 경쟁력을 유지할 수 있을지 역시 미지수다.

따라서 삼성전자는 회피하지 말고 정면 승부를 해야 한다. 지금의 삼성전자 체제를 유지하면서 마케팅 전략의 취약점을 보완하여 30% 이상의 시장 점유율을 쟁취하는 방안을 강구하는 것이 최선이라고 생각한다. 이를 위해 고객사들의 불안을 충분히 의식하고 그것을 불식시킬 수 있는 실질적인 조치들을 강화해야 한다. 그럼에도 남아 있는 고객사들의 불안감은 다른 방식으로 보상해 주면 된다. 즉 불안감을 상쇄해 줄 이점을 찾아 제공하면 되는 것이다. 예를 들면 압도적인 제품 성능, 충분한 생산 능력 확보와 신속한 납기, 상대적 가격 이점, IP 라이선스, 풍부한 DSP 그룹, 다양한 패키지 기술 등이 있다. 이 외에도 현실적으로 무궁한 아이디어를 찾을 수 있다. 사실 이것은 기술 이슈이자 경영 이슈라 할 수 있다.

또 삼성전자의 파운드리 점유율을 높이는 데 자사의 시스템 반도체 제품을 강화하는 방안도 유효한 전략이다. 삼성전자가 스마트폰이나 AI 반도체를 스스로 설계하여 파운드리 시설의 가동률을 높일 수 있다면 큰 도움이 될 것이다.

한국의 파운드리 산업 전략을 다시 수립할 필요도 있다. 메모리 반도체 분야의 첨단 공정 능력을 활용하여 파운드리 산업을 강화하고, 팹리스 설계 기업들을 집중적으로 육성·지원하여 시스템 반도체 산업을 성장시켜야 한다.

또 앞에서 언급했듯이 파운드리 사업의 핵심 이슈인 고객사들의 기술 유출에 대한 우려를 어떻게 근절시킬 수 있을지, 설계 전문 기업들의 취약한 IP 이슈를 어떻게 보강할지, DSP와 어떻게 광범위한 협력 체제를 확보하여 우호 관계를 강화할지가 한국 파운드리 산업의 성공을 위한 주요 과제가 될 것이다.

그러나 메모리 반도체 기업이 가진 첨단 공정 기술 능력은 메모리 반도체 산업뿐 아니라 파운드리 산업에서도 성공을 위한 핵심 역량이다. 따라서 한국의 반도체 산업은 시스템 반도체 사업을 위한 강점과 취약점을 동시에 갖고 있다고 볼 수 있다.

향후 한국의 반도체 산업이 이러한 강점과 여건을 활용하여 성공적인 산업 전략을 수립하고 실행한다면 메모리 반도체, 시스템 반도체 그리고 파운드리 부문에서 동시에 성공할 가능성이 크다고 본다.

한국은 반드시 이러한 가능성을 현실로 구현해 낼 수 있는 전략을 수립하고 실천할 수 있는 역량과 경영 능력을 구축해야 한다. 이러한 역량을 구축할 수만 있다면 메모리 반도체 강국에서 종합 반도체 강국으로 우뚝 설 수 있는 충분한 기반이 마련되는 셈이다.

3) 시스템 산업의 강화

다양한 산업에서 사용되는 시스템을 개발하고 제조하는 시스템 산업은 컴퓨터 시스템, 자동차 시스템, 통신 시스템, 의료 시스템, 산업 시스템 등 다양한 시스템을 개발하고 제조한다. 이때 고도의 기술과 전문성이 요구되기 때문에 시스템 산업을 발전시키기 위해서는 해당 분야에 대한 전문적인 지식과 경험이 필요하다.

향후 4차 산업 혁명을 성공적으로 완수하기 위해서는 스마트폰, 컴퓨터, 디스플레이, 차량, AI & 로봇, 방위 및 우주 산업 등을 육성해야 한다. 나아가 이런 산업들을 세계 시장을 주도할 수준으로 성장시키기 위해서는 시스템의 성능이 고급화·차별화되어야 한다. 그리고 이런 성능을 확보하기 위해서는 첨단 반도체 기술이 활용되어야 한다.

이처럼 시스템 산업과 반도체 기술은 협력을 통해서 상호 발전한다. 미국은 시스템 산업이 발전해서 시스템 반도체 강국이 되었고, 반도체가 뒷받침되면서 시스템 성능이 탁월해졌다.

또한 설계 전문 기업을 육성해야 한다. 한국의 설계 전문 기업들의 시장 점유율은 1%를 초과하지 못한다. 설계 전문 기업들은 시스템 반도체를 다양하게 개발하고 성능을 향상시켜 시스템 제품들의 경쟁력을 강화시킨다. 이들은 설계를 전문으로 하면서 자신들이 설계한 제품을 생산해 줄 파운드리를 찾는데, 이러한 설계 전문 기업이 다변화되면서 파운드리 서비스 수요를 확대시킨다. 사업 초기에는 가성비가 좋은 중·저급 첨단 설비의 파운드리 서비스를 선호한다. 차량용 반도체 설계 전문 기업이 그 예이다. 이러한 설계 전문 기업들은 규모가 커질수록 더욱 경쟁력 있는 시스템 제품을 설계하고 더욱 첨단의 파운드리 서비스를 활용한다. 설계 전문 기업과 파운드리 서비스 사업은 공생 관계로 함께 발전한다. 파운드리 사업을 육성하기 위해서는 다수의 설계 전문 기업이 필요하고, 설계 전문 기업이 많아야 파운드리 시설의 가동률이 높아진다.

4) 반도체 패키지 기술의 육성

한국은 메모리 반도체 위주로 성장해 왔다. 고집적도 제품의 개발은 집적도 향상의 근원 대책인 공정 선폭[3]의 미세화로 대응해 왔다. 메모리 반도체 제품의 패키지는 상대적으로 용이하여, 전공정 기술[4]의 개발에 집중함으로써 충분히 대응할 수 있었다.

그러나 이미 메모리 반도체 제품은 더 이상 선폭을 줄일 수 없는 기술적 한계에 도달했고, 미세 선폭에서 오는 불가피한 기술적 특성 문제를 전공정 선폭의 문제로만 해결할 수 없게 되었다. 예를 들면 입출력 단자수의 증가, 전파 간섭, 방열 처리 등의 이슈는 초미세 선폭 공정으로 인해 발생하는 기술적인 난제가 되어 가고 있다.

이러한 문제들은 패키지 기술을 개선시켜서 해결 방안을 찾을 수 있다. 반도체 패키지는 반도체 칩의 성능과 신뢰성을 향상시키

---

3 반도체 웨이퍼에 형성된 회로 패턴의 폭
4 웨이퍼 가공 기술

는 데 중요한 역할을 한다. 반도체 패키지는 반도체 칩을 외부 환경으로부터 보호하고, 전기적으로 연결하고, 열을 방출하여 반도체 칩의 수명을 연장하고 성능을 향상시킨다. 더욱이 메모리 반도체 산업에 비해 더욱 다양한 고난도 패키지 기술이 요구되는 시스템 반도체 산업을 육성하기 위해서는 패키지 기술이 필수적으로 뒷받침되어야 한다. 향후 한국의 반도체가 세계 시장을 주도하기 위해서는 패키지 기술의 고도화가 절실하게 요구된다.

5) 반도체 후방 산업의 육성

먼저 반도체 제품에 사용되는 핵심 소재를 육성해야 한다. 구체적으로 웨이퍼, 핵심 정밀 화학 소재 제품 등이 이에 속한다. 그 다음으로는 반도체 장비 산업을 육성해야 할 것이다.

반도체 산업의 성장을 위한 근본적인 해법

반도체 산업의 미래를 대비하기 위해서 한국의 반도체 기업은 다음과 같은 질문에 대하여 고민해야 할 것이다.

(1) 어떻게 시장의 미래 수요를 읽고 어떤 마케팅 전략을 구사할 것인가?

(2) 어떻게 기술을 주도해 갈 것인가?

(3) 어떻게 고급 기술 인력을 지속적으로 확보할 것인가?

(4) 어떻게 필수 장비와 소재, 부품들을 적시에 확보할 것인가?

(5) 침체기에도 수익을 낼 수 있도록 반도체 사업의 경쟁력을 어떻게 강화시킬 것인가?

(6) 지속적인 투자가 가능하도록 어떻게 충분한 자금을 확보할 것인가?

(7) 어떻게 미국과 중국의 반도체 기술 갈등에 대응하고, 우리 기업은 이를 어떻게 적극적으로 활용할 것인가?

(8) 어떻게 기업의 효율성을 제고하고 기업 문화를 우리의 리더십에 맞게 변화시킬 것인가?

(9) 위의 복합적인 변수들을 어떻게 분류하고 통합하여 성공적으로 경영해 나갈 것인가?

이런 질문들에 대한 구체적인 방안과 전략들은 반도체 기업들의 과제이며, 이 과제를 성공적으로 수행할 수 있도록 기업들이 혁신되어야 할 것이다. 여기에서 특별히 강조하고 싶은 것은 반도체 산업을 성공적으로 이끌어 갈 수 있는 핵심 요인으로서 탁월한 경영자의 역할이다. 혁신은 최고 경영자로부터 시작해서 각 분야로 확대되어야 한다. 기업의 시간을 유효하게 통제할 수 있는 최고 경영자의 역할은 혁신의 관건이다.

한국 반도체 산업이 지속적으로 성공하기 위해서는 기술적으로 확실히 반도체 시장을 주도할 수 있어야 한다. 기술적 주도란 단순히 기술 자체로만 이루어지지 않는다. 기술은 복합적이다. 그래서 제품 개념, 설계, 공정, 시험 및 품질 등 협의의 기술은 물론이고 기술 개발을 주도하는 기술 인력의 확보, 첨단 장비와 운영 능력의 확보, 기술과 시장을 분석해 제품 기획으로 이끌어가는 마케팅 인력을 포함한 광의의 전문 기술 인력의 확보 여부가 미래 반도체 산업의 승자를 결정한다.

이러한 전문 인력들을 어떻게 효율적으로 육성하고, 어떻게 분산 및 통합시킬 것인가는 고도의 경영 능력에 따라 좌우된다. 반도체 시장을 주도하고 있는 국내 반도체 기업들은 이미 차별화된 세계적 수준의 경영 능력과 효율적인 경영 시스템을 구축하고 있다.

반도체 기업 경영자는 시간 압박 속에서도 최선의 방안을 찾을 수 있도록 기술과 사업에 대한 통찰력, 전문 기술진들의 상반된 의견들을 통합하여 창의적인 의사 결정을 할 수 있는 소통력과 지혜를 갖춰야 한다. 그리고 기술과 시장에 대한 깊은 이해력, 위기를 감지하고 용기 있게 결정할 수 있는 결단력, 다양한 이해 혹은 상충된 이슈를 조정해 내는 통합적 능력이 필요하다.

기업의 최종 의사 결정은 결국 최고 경영자가 내린다. 이러한 역할을 탁월하게 수행하는 최고 경영자는 세계 반도체 산업의 최강국으로 가는 데 있어 결정적인 변수이다.

반도체 산업은 국제적인 경쟁과 협력 속에서 성장한다. 그리고 더 이상 반도체 산업은 어느 한 국가의 기술만으로 지속적인 성장을 가져올 수 없다. 반도체 기업 경영자는 필요시 세계 반도체 산업의 지도자들과 교감하고 영향력을 행사할 수 있는 국제적인 교류 능력을 갖춰야 세계적인 기업을 만들 수 있다.

■ 한국 반도체 산업과 정부의 정책적 지원

반도체 산업은 한 기업의 이해관계뿐만 아니라 한 국가의 4차 산업 혁명을 주도할 정보 산업의 핵심 요소가 되었다. 그래서 반도체 산업의 성장 없이는 국가의 미래 경제와 안보가 불안해진 상황이다. 그로 인해 각국 정부들은 자국의 반도체 생산 시설을 강화하여 반도체 제품의 자급을 추구하는 데 막대한 국가적 역량을 쏟아 붓고 있다.

이러한 선진국의 정책들로 인해 반도체 기업들은 자력으로 감당하기 힘든 수준의 경쟁과 마주하게 되었다. 이에 한국 정부는 발빠르게 반도체 산업의 비중과 산업적인 공헌에 걸맞은 정책을 수립해야 한다. 원래 한국의 반도체 산업도 처음부터 정부의 적극적인 지원으로 성장해 왔다.

그리고 정부의 정책적 지원이 반도체 산업의 육성에만 편중되는 게 아니라 산업 전체의 경쟁력을 제고하려는 목적을 달성하는 데 기여한다고 생각하면서 산업 및 재정 정책을 운용해야 한다. 반도체 산업의 육성은 4차 산업 혁명을 성공적으로 완수할 수 있는 여건을 조성할 것이다.

반도체 산업의 세계적 성장을 위해서 정부가 우선적으로 해야 할 일은 기술 인력 확보, 반도체 산업의 육성 필요성을 공감하는 분위기 조성으로 압축된다.

먼저 우수한 기술 인력 확보는 정부의 교육 정책과 연계되어 있다. 한국의 2023년 인구수는 약 5100만 명이지만, 반도체 산업에 충분한 인력을 공급하기에 부족하다는 견해가 있다. 고급 인재를 반도체 분야에만 집중적으로 공급할 수 없다는 게 근거이다.

그러나 한국의 반도체 산업 비전을 달성하는 데에는 우수한 기술 인력 20만 명이면 충분할 것이다. 4차 산업 혁명을 성공적으로 수행하기 위해 반도체 같은 산업을 10개 정도 육성해야 한다면, 우수한 기술 인력 200만 명만 공급해도 충분히 성공할 수 있다고 생각한다. 그 10%를 해외 우수 기술 인력으로 충원한다고 가정한다면, 한국의 인력 규모에 비춰 220만 명은 확보할 수 있을 것이다.

이렇게 하면 한국은 전략 산업 10개 분야[5]를 세계 최고 수준으로 성장 및 유지할 수 있어서 4차 산업 혁명을 성공적으로 수행할 수 있다고 생각한다. 관건은 누가 주도하고, 어떤 우선순위로 어떤 공감대를 유지하고, 어떻게 이루어 내느냐이다. 이를 위해서 정부는 모범 답안을 만들어 내야 한다.

4차 산업 혁명을 성공적으로 수행하기 위해서는 핵심 산업에 대한 이해와 더불어 우선순위를 설정해야 한다. 그리고 당연하게도 반도체는 산업 정책의 중심에 있어야 한다. 4차 산업 혁명의 성공

---

5 AI, 5G·6G, 첨단 바이오, 반도체·디스플레이, 2차 전지, 수소, 첨단 로봇·제조, 양자, 우주·항공, 사이버 보안으로, 2021년 제20회 과학기술관계장관회의에서 '국가 필수 전략 기술 선정 및 육성·보호 전략' 의결을 통해 선정

적인 완수는 30년 뒤 선진 한국의 필수 과제이다. 이를 위해서 핵심 산업들[6]이 맡은 바 역할을 제대로 수행해야 한다는 점을 충분히 인식하고, 이 점에 대한 국민적 공감대를 형성시켜야 한다. 그리고 이를 토대로 집중 지원해야 한다. 또한 산업 정책에 적합한 교육 시스템을 구축해서 필요한 우수 인재를 꾸준하게 공급해 주어야 한다.

반도체 산업을 위한 기술 인력은 한국 경제의 비중에 맞게 반도체에 22%[7] 이상을 배정해야 할 것이다. 그리고 반도체가 없으면 생산이 불가능한 시스템 기기들의 매출액까지 고려한다면 최소 30% 정도의 기술 인력을 반도체 부문에 배정해야 합리적이라고 하겠다. 그렇게 공급된 기술 인력에 대해서는 체계화·전문화된 교육을 지속해야 한다. 물론 기업들이 자체적으로도 육성할 수 있도록 교육 시스템을 더욱 적극적으로 공유해야 한다. 해외 우수 인력에 대한 채용 문호도 폭넓게 개방해야 한다.

반도체 산업은 기술 집약적일 뿐 아니라 자본 집약적이다. 따라서 반도체 산업을 핵심 산업으로 인식하고, 그동안 국가 재정에 기여한 공로와 미래 가능성을 인정하여 적극적인 금융 및 정책적 지

6　10대 산업군 혹은 그 이상
7　매출액 비중

원 방안을 모색해야 한다.

　문화적·사회적 시스템을 선진국형으로 개선하고 개방하여 국내 기업들이 세계 시장에서 대등하게 경쟁할 수 있는 기술 수준과 경영 수준을 갖출 수 있도록 해야 한다. 또 기업의 자율성을 보장해 주고 국민 정서를 친기업적인 방향으로 유도해 주어야 한다. 그리고 기업이 적극적인 지원을 받는 만큼 그에 적합하게 법을 준수하도록 엄격하게 집행하고 확실하게 관리, 감독해야 할 것이다.

　4차 산업 혁명을 성공적으로 실행할 수 있도록 산업 구조를 재편하고 적극적인 지원과 그에 적합한 관리, 감독의 역할을 차질없이 수행해야 할 것이다.

한국 반도체 산업의 대외 전략

　각국의 반도체 육성 정책의 핵심은 정책적인 지원 육성과 반도체 산업의 블록화이다. 우선 자국 반도체 산업의 육성을 위한 미국과 중국 간의 경쟁은 격화될 것이라고 예상된다. 반도체 강국인 한국은 미국과는 안보적 관점에서 끈끈한 동맹 국가로, 중국과는 사업적 관점에서 긴밀한 교역 국가로 연결되어 있어 대단히 미묘하고 불안한 입장에 처해 있다.

하지만 반도체 기술의 원천이 미국에 있고, 향후 미래 산업의 주도권도 미국에 있다는 점을 염두에 두어야 한다. 한국은 국가 전략적 관점, 기술 주도적 관점에서 협력 전략을 수립한 후 현실적 한계를 주도적이고 적극적으로 극복해 가야 할 것이다.

수동적인 중립은 고립을 자초할 수 있고, 고립되는 순간 한국 반도체 산업은 더 이상 선두를 유지할 수 없다. 다행히 업계 1위로 자리매김한 한국에게는 아직 선택지가 많아 보인다. 국익 차원에서 우선순위를 확실히 하는 것이 중요하다. 이를 바탕으로 전략적인 선택을 한다면 한국 반도체 산업이 가진 강점들로 K 반도체는 세계 1위의 자리를 꾸준히 유지할 수 있을 것이다.

몰아치는 격류는 피해갈 수도 있을 것이다. 그러나 이미 세계 시장에 굳건히 뿌리내려 성장하고 있는 한국의 반도체 산업은 격류 위에서 항해해 가고 있다. 그런 상황에서 한국의 반도체 산업은 기술 우위를 통한 선두 유지 전략을 근간으로, 격류를 항해해 가듯이 적극적인 자세로 전략적인 협력 체제를 주도적으로 구축해 가야 할 것이다.

6장

AI, 반도체 산업의
게임 체인저

Q. 최근 인공지능[AI] 분야에서 화두가 되고 있는 중요한 트렌드 중 하나는 '초거대 AI[1]'입니다. 초거대 AI는 인간의 뇌처럼 여러 상황에 대해 스스로 학습하여 사고하고 판단하며, 이를 바탕으로 이미지를 만들어 낼 수도 있습니다. 이러한 수준의 AI를 구현하기 위해서는 대용량 데이터에 대한 학습과 연산이 필요하며, 이를 수행할 수 있는 컴퓨팅 인프라가 갖춰져야 합니다.

최근 챗 GPT, 구글 바드[Bard] 등 AI 챗의 열풍이 AI 반도체(특히 NPU) 시장 확산에 미칠 영향에는 어떤 것이 있을까요?

A. AI는 개념적으로 약인공지능과 강인공지능으로 분류되고, 약인공지능을 ANI[2], 강인공지능은 좀 더 세분화하여 AGI[3]와 ASI[4]로 구분합니다.

ANI는 가장 많이 알려진 AI로서, 특정 조건하에서 제한적으로 적

---

1 Hyperscale Artificial Intelligence
2 Artficial Narrow Intelligence: Narrow AI, 좁은 인공지능
3 Artficial General Intelligence: General AI, 범용 인공지능
4 Artficial Super Intelligence: Super AI, 초인공지능

용할 수 있는 AI입니다. 반면 강인공지능인 AGI는 인간과 유사한 능력을 가진 AI로, 모든 상황에서 일반적으로 두루 적용할 수 있습니다. 초거대 AI는 강인공지능 중 AGI라고 보입니다.

ASI는 AGI보다 성능이 훨씬 탁월하여 인간의 능력을 초월할 수 있다고 여겨지는 가상의 AI입니다. ASI가 대두되면 인간이 우려하는 특이점[5]이 현실화될 위험이 있다고, 인간의 정체성 혼란과 존재적인 위험이 있을 수 있다고 우려한 분들이 있습니다.

챗 GPT 3.5는 인간의 뇌 세포인 시냅스에 해당하는 AI의 파라미터[6]가 1750억 개라고 알려져 있고, 구글 바드는 5000억 개의 파라미터를 처리할 수 있습니다. 인간의 시냅스가 약 100조 개인 점을 감안하면 AGI의 도래는 상당 기간 후에나 가능하지 않을까 생각합니다.

그러나 반도체의 성능이 더욱 고도화되고 데이터를 처리하는

---

5 Singularity: AI와 기술이 인간의 지적 능력 이상을 갖추게 되는 시점

6 Parameter: 매개 변수

알고리듬이 혁신적으로 개선된다면 AGI의 출현은 가능할 것입니다. 더 나아가 AGI보다 월등히 혁신된 ASI도 출현할 수 있다고 생각합니다. 다만 실제적인 출현은 제약 변수가 너무 많아 쉽게 예측할 수 없습니다.

챗 GPT나 구글 바드가 활성화되면서 AI의 위력이 확인되고 활용 영역이 확대되고 있습니다. 이러한 대규모 자연어 처리 모델[7] 같은 AI가 발전하기 위해서는 제일 먼저 반도체의 성능이 대폭 개선되어야 합니다.

AI용 반도체는 다음의 세 가지 방향으로 진화해 갈 것입니다.

(1) 데이터 처리 능력 제고
(2) 데이터 이동 속도 향상
(3) 데이터 처리 시 전력 소비 감소

---

7 LLM: Large Language Models

데이터의 처리 용량을 높이기 위해 중앙 처리 기기의 구조를 변화시켜 성능을 높이고 반도체 칩의 크기를 줄이고 집적도를 높입니다. 대표적으로 GPU를 주된 처리 기능으로 하여 데이터를 처리하면서 반도체의 집적도를 증가시키고, 추가로 반도체 칩을 적층시켜서 AI의 저장 용량을 높입니다.

대용량 데이터를 신속하게 처리하기 위해서 데이터를 병렬 처리하고, 데이터의 이동 폭을 증대시키고, 이동 거리를 최소화합니다. GPU를 대량 연결하여 처리 기능을 향상시키고, 고속이 가능한 광대역[8]으로 데이터를 이동시켜 반응 지연[9]이나 병목 현상을 해소하고, 메모리에 연산 기능을 내재시켜 연산 기능을 메모리에 근접[10]시킨 후 처리 기능과 메모리 기능의 인터페이스를 강화[11]시키면 신속하게 데이터를 처리할 수 있습니다. 대용량 데이터를 신속히 처리하는 역할을 GPU 클러스터, 광대역 연산 메모리[HBM-PIM],

---

8 HBM: High Bandwidth Memory, 고대역폭 메모리
9 Latency: 메모리가 다음 명령을 처리할 때까지 걸리는 대기 시간
10 PNM: Processing Near Memory
11 CXL: Computer Express Link

CXL-PNM이 담당합니다.

AI의 중앙 처리 장치인 GPU는 시간당 약 350Wh의 전력을 소비합니다. 챗 GPT 3.5는 1만 개의 GPU를 사용하므로 시간당 3500kWh의 전력을 소비합니다. 전문가들의 계산에 의하면 챗 GPT의 학습에 1.3GWh의 전력이 소모되었습니다. 알파고는 이세돌과의 바둑 대결 시 170kWh를 소비하여 20Wh를 소비한 이세돌보다 8700배의 전력을 더 소비했습니다.

이처럼 과도한 전력 소비는 AI의 성장에 큰 장애 요인으로 작용합니다. AI에 사용되는 반도체는 처리 속도의 개선은 물론 소비 전력을 최소화하는 방향으로 개발되고 있습니다. GPU에서 연산 기능을 강화한 NPU[12], 데이터의 이동을 최소화한 HBM-PIM, CXL-PNM 제품들은 소비 전력이 대폭 개선되었습니다.

챗 GPT나 구글 바드 등의 열풍은 AI 반도체를 급성장시킬 것이

---

12 Neural Processing Unit: 신경망 처리 장치

며, 새로운 반도체 제품들도 AI가 필요로 하는 특성을 구현하는 방향으로 개발될 것입니다. 특히 GPU는 AI에 적합한 모델로 개선되거나 연산 기능을 강화한 NPU 혹은 연산 능력을 증대시키고 소비 전력을 감소시킨 새로운 AI 반도체로 대체될 것입니다.

이러한 AI 전용 반도체는 반도체 회사들의 개선된 GPU나 빅테크 기업들의 고유 반도체 제품 ASIC 으로 개발될 것입니다. 그 과정에서 한국의 메모리 반도체 기업들도 메모리 반도체의 장점을 활용하여 시스템 IC 제품들을 개발할 수 있을 것이고, 시스템 반도체 사업의 비중을 높일 수 있는 절호의 기회도 맞을 것입니다.

Q. 2030년에 AI용 반도체 시장은 전체 반도체 시장의 30%에 육박할 정도로 성장할 것이라는 예측이 나오고 있습니다. 이러한 미래 전망에 대응하여 한국 정부와 반도체 관련 토종 기업들은 어떤 준비를 하고 있을까요? 특히 반도체 세계 1위 기업인 삼성전자는 구체적으로 어떤 준비를 하고 있는지 궁금합니다.

A. 한국의 반도체 기업들은 메모리 반도체 기술을 활용하여 메모리 반도체 강국이라는 위상을 유지하면서 시스템 반도체 기능의 메모리를 끊임없이 개발하며 영역을 확대해 왔습니다. 스마트폰의 AP 엑시노스, 2억 개의 화소를 가진 이미지 센서, 모바일 메타버스에 사용되는 지문 인증 IC 등이 대표적인 시스템 반도체 제품들입니다.

또한 삼성전자는 2030년 파운드리 분야에서 30% 시장 점유율을 목표로 하여 파운드리 사업 성장에 집중하고 있습니다.

메모리 반도체 업체로서 이러한 노력을 기반으로 삼성전자는 AI의 성능을 획기적으로 높일 수 있는, AI에 특화된 반도체를 개발하게 되었습니다.

AI가 대용량 데이터를 기존의 폰 노이만 컴퓨팅 시스템으로 처리하면 데이터 이동에 병목 현상이 발생하고 막대한 전력이 소비됩니다. 이러한 병목 현상은 데이터의 이동을 저해하여 GPU의 가동률을 낮추고 처리 속도를 현저하게 떨어뜨립니다.

만약 데이터 이동폭을 높이고 데이터의 이동 거리를 축소시키면, 더 나아가 메모리 반도체 내에 일부 연산 기능을 넣는다면 데이터의 처리 속도는 높이고 전력 소비는 상당량 낮출 수 있습니다. 더 나아가 GPU의 가동률을 높일 수 있으며, 결과적으로 소요되는 GPU 수와 전력 소비를 모두 낮출 수 있습니다.

이러한 문제점들은 메모리 반도체의 구조를 변경시킴으로써 쉽게 해결했습니다. 삼성전자는 이러한 해법에 착안하여 신개념의 반도체를 개발했습니다.[13] 바로 HBM-PIM, CXL-PNM, CXL Memory Expander 등의 신제품들입니다.

HBM은 기존 메모리 반도체 기술을 수십 층 적층시킨 후 서로 연결하여 데이터가 이동하는 길인 포트 수를 32에서 1000 이상으로 증가시켜 데이터가 광폭으로 이동하도록 한 메모리 반도체입니다.

PIM[14]은 메모리 내에 연산 기능 장치[15]를 추가하여 데이터를 메모리 반도체 내에서 처리함으로써 데이터의 이동 거리를 최소화시킨 반도체입니다.

---

13 SK하이닉스도 개발을 완료함

14 Program in Memory

15 ALU: Arthmetic Logic Unit

HBM과 PIM을 함께 사용하면 데이터 이동 폭을 높이고 이동 거리를 줄일 수 있습니다. 이를 통해 AI의 성능은 향상됩니다.

CXL은 CPU/GPU와 메모리를 원활하게 연결해 주는 인터페이스입니다. '빠르게 연결하여 연산한다.'는 말 그대로 메모리 반도체 근처에서 연산하는 PNM과 인터페이스하여 신속한 처리와 저소비 전력을 가능하게 합니다. 삼성전자는 유사한 목적으로 CXL Memory Expander 그리고 PB SSD를 추가로 개발했습니다.

반도체 산업의 역할과 미래 시장을 전망하기 위해서는 미래 산업의 흐름과 수요를 주도하는 기술을 살펴봐야 한다.

(1) 미래에는 4차 산업 혁명이 급속도로 진행될 것이며, 4차 산업 혁명은 초연결[1]과 지능화를 지향하면서 산업간 장벽을 허물고 융합시킬 것이다. 이러한 산업적 추세는 바로 데이터 처리 기술과 그 처리를 담당하는 AI가 주도할 것이다.

미래 사회는 끊임없이 데이터를 생성하고, 그 데이터의 수집·저장과 처리 기술이 산업의 중심이 되며, 이러한 흐름을 AI가 주도하게 되리라 본다. 이러한 AI의 주기능은 데이터의 인식·학습 및 추론이다. AI는 이러한 주기능을 하드웨어인 반도체와 소프트웨어인

---

[1] Hyper Connected: 정보 기술의 발달로 모든 사물이 인간과 밀접하게 연결되는 상황

알고리듬을 통해 구현한다.

⑵ 1950년대에 출현한 AI는 여러 번의 침체와 부흥을 거치며 정보 처리 산업의 중심으로 자리매김해 왔다. 2012년부터는 꾸준히 진화하면서 데이터 처리, 가전 기기, 자동화 공장, 자율 주행 차량, 로봇, 생명 유전 공학 및 방위 산업 등으로 쉼 없이 영역을 확대해 왔다.

2016년 알파고를 통해 AI의 잠재성을 인식했고, 최근 급부상한 챗 GPT를 통해 그 위력을 실감하면서 AI의 발전 방향에 대해 온 산업이 촉각을 곤두세우고 있다. 향후 산업의 성능 강화와 지능화의 중심에 AI가 있을 것으로 보인다.

모든 산업은 AI를 통해 발전하고 성장하며, AI는 모든 산업에 범용화되어 장착될 것이다. 반대로 AI가 연계되지 않는 산업은 발전이 둔화되고 결국 다른 산업에 통합될 것이다.

⑶ AI는 컴퓨터를 통해 지능이 구현된다. 즉 컴퓨터의 연산, 기억, 제어를 통해 대량의 데이터를 인식·학습·추론한다. 이러한 기능을 하는 장치들의 핵심 부품이 반도체이며, 반도체가 없다면 위의 세 가지 기능은 구현될 수 없다.

AI가 활성화되면 반도체 산업도 크게 변화할 것이다. 반도체 산업은 정보화 산업의 핵심 부품으로, 컴퓨터 산업의 발전과 함께 성장했다. 컴퓨터 산업의 성장이 둔화되기 시작한 2000년대 후반부터는 스마트폰이 정보화 시장을 주도하며 반도체 수요를 견인해왔다. 이제 20년이 지난 지금, 스마트폰이 그 역할을 AI에게 넘겨주고 있다. 반도체 산업의 미래를 전망하기 위해서는 당연히 AI를 보다 깊게 이해하고, 발전 방향을 추론해 봐야 할 것이다.

AI란 무엇인가

AI의 개념은 다양하게 표현되고 있지만, 여기서는 '인간 수준의 인식·학습·추론 능력을 인공적으로 구현하는 시스템'으로 정의하고자 한다. 정부에서는 AI를 '인간의 지적 능력을 기계로 구현하는 과학 기술'이라고 정의한다.

존 매카시[2]는 1956년 다트머스 컨퍼런스[3]에서 AI라는 용어를 처

2　John MacCarthy

3　Dartmouth Conference

음으로 제안했는데, 그 컨퍼런스에서는 AI를 '지능 있는 기계를 만드는 과학 기술[4]'이라고 정의했다.

AI는 자연 지능[5]에 대한 상대 개념으로, 인간 지능을 궁극적인 대상으로 하여 개발된다.

AI는 반도체를 중앙 처리 장치(뇌)로 한 컴퓨팅 시스템이며, 알고리듬으로 작동된다. 즉 신경 세포의 활동으로 돌아가는 인간의 지능과 달리 코딩으로 입력된 프로그램으로 작동된다. 현재 AI는 인식·학습·추론에 필요한 데이터량과 소모 전력 관점에서 인간 지능과 비교할 수 없을 정도의 열위에 있다.

그러나 AI는 직렬 처리를 통해 순차적 계산을 하며 데이터의 단순 기억·연산 기능에 머물렀던 컴퓨터와 달리 대량의 데이터를 동시에 병렬 분산 처리하며 인식·학습·추론 기능이 가능하다는 점에서 확실하게 차별화되고 있다.

---

4 The science and engineering of making intelligence machine
5 Natural Intelligence

AI는 1950년대부터 개념이 탄생하여 계속 발전해 오다가 알고리듬과 컴퓨팅 파워의 한계로 인해 두 번의 암흑기를 거쳤다. 최근에는 지나치게 빨리 발전하는 AI의 속도에 두려움을 느끼고 윤리헌장을 도입해야 한다는 주장이 제기되고 있다.

AI는 1950년 앨런 튜링[6]이 그의 논문[7]에서 제기한 '기계는 생각할 수 있을까?[8]'라는 창의적인 질문을 시작으로 과학적인 관심의 대상이 되었다. 6년 뒤인 1956년 다트머스 컨퍼런스에서 주최자인 존 매카시가 AI라는 용어를 처음으로 만들어 내면서 개념화되었고, 이후 본격적으로 발전하기 시작했다.

이때 일부 과학자들은 기계가 수를 다루듯 기호를 다루고 사람처럼 기호의 본질적인 부분까지 다룰 수 있을 것이라고 생각했다. 1959년 머신러닝이 고안되면서 AI는 대수학 문제는 물론 기하학 문제를 풀어냈고, 영어를 학습했다. 이때는 낙관론이 주를 이루며

---

6 Alan Turing

7 Computing Machinery and Intelligence, 컴퓨팅 기계와 지능

8 Can machines think?

향후 20년 안에 완전한 지능을 가진 기계가 탄생할 것이라는 희망에 부풀었다. 이 시기에 뇌 신경을 모사한 인공 신경망인 퍼셉트론[9]이 발표되었고, 전문가가 업무를 처리하던 방식을 시스템화한 전문가 시스템[10]이 개발되었다.

1969년 기대를 모았던 인공 신경망의 근본적인 문제점이 노출되기 시작하자 신경망 연구는 침체에 빠졌고, 인간의 뇌와 연결시켜 AI를 개발하자는 연결주의자들의 입지는 순식간에 추락했다. 그 문제점이란 인공 신경망이 A와 B를 분리하는 선형 방식을 활용할 수 없다는 것이었다. 게다가 컴퓨터의 성능 또한 취약했다. 이로 인해 인공 신경망은 완벽하지 못한 알고리듬이고, AI 역시 완벽하지 못하다는 사실을 깨닫게 되었다.

전문가 시스템으로 연구 방향을 전환했으나 응용 영역이 제한적이었고, 데이터를 직접 라벨링하고 입력시켜야 했으며, 유지·보수도 힘들었다. 이로 인해 AI에 대한 기대가 무너지면서 대규모 프로젝트와 투자들이 취소되었다. 이때부터 1980년대 초까지 AI는

---

9 Perceptron: 1957년 신경생물학자인 프랭크 로젠블랫이 개발한 알고리듬
10 Expert System

제1의 암흑기를 맞게 되었다.

1980년대 들어와서 다층 인공 신경망이 개발되어 오차를 줄이고 패턴을 통한 문자 인식, 영상 인식 등의 기능이 크게 개선되었다. AI는 활발하게 연구되었지만 대량의 복잡한 데이터 처리[11]에서 한계를 보였다. 이로 인해 미국 정부의 연구 기금이 대폭 축소되었고 300개 이상의 AI 회사가 사라졌다. 이때부터 1987년까지 제2의 암흑기가 도래했다.

1990년대 후반에 들어서자 인터넷과 검색 엔진의 발달에 힘입어 AI가 부활하게 되었으며, 이를 통해 데이터의 분류 및 입력이 자동화되었다. 2006년 제프리 힌턴[12] 교수의 RBM[13]이 적층 문제를 해결하면서 비지도 학습이 가능해졌다. 그리고 음성 인식, 영상 이해, 기계 번역 등에서 인간의 수준을 뛰어넘는 일부 결과물이 산출되면서 AI는 화려하게 되살아났다.

---

11 OR 문제와 AND 문제는 처리했지만 XOR 문제는 처리하지 못함
12 Geoffrey Hinton
13 Restricted Boltzmann Machine: 제한된 볼츠만 머신, 딥러닝 알고리듬 중 하나로 기존 볼츠만 머신의 한계를 극복하기 위해서 만든 생성 확률 신경망

2012년 알렉스넷[14]의 심층 신경망[15]이 XOR 문제를 해결하면서 다시 발전하게 되었으며, 딥러닝의 핵심 알고리듬인 합성곱 신경망[16] 등이 개발되면서 혁신적으로 지능이 향상된 AI가 출현했다.

이런 발전을 거치며 구글은 2012년에 심층 신경망을 통해 고양이의 영상을 인식했고, IBM 왓슨의 퀴즈 게임, 알파고의 바둑 대결, 챗 GPT로 AI가 다시금 부흥하고 있다.

향후 AI는 빅데이터의 다양한 생성, 새로운 알고리듬의 개발 그리고 반도체와 컴퓨터의 성능 향상으로 끊임없이 발전하리라고 전망된다.

AI의 구성 시스템

AI는 하드웨어인 컴퓨팅 시스템과 소프트웨어인 알고리듬으로 구성된다.

---

14 AlexNet: 2012년 개최된 이미지 인식 대회 ILSVRC(ImageNet Large Scale Visual Recognition Challenge)에서 우승한 합성곱 신경망 구조
15 Deep Neural Network
16 CNN: Convolutional neural network

1) 컴퓨팅 시스템

컴퓨팅 시스템은 컴퓨팅 클러스터(서버), 스토리지(공유+분산) 그리고 고속 인터넷망으로 구성된다.

또 데이터 처리 방식에 따라 데이터 센터에서 처리하는 중앙 집중 처리 방식, 에지 데이터 센터에서 처리하는 에지 처리 방식이 있으며, 데이터의 성격과 에지 디바이스의 위치 및 상황에 따라 처리하는 방식이 달라진다. 클라우드를 중앙 데이터 센터로 활용할 수도 있다.

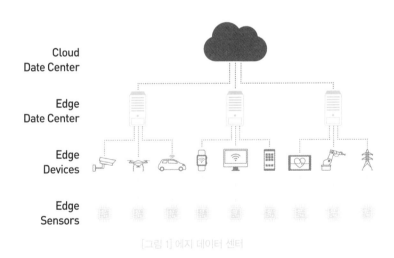

[그림 1] 에지 데이터 센터

2) 알고리듬

AI는 머신러닝과 머신러닝에서 더 진보한 딥러닝[17]이라는 알고리듬에 의해 구현된다. 알고리듬은 수학에서 차용한 개념으로, 컴퓨터 프로그램에서 실행되는 명령어들의 순서로서 문제를 해결하기 위해 정의된 규칙과 절차의 모임을 말한다.

머신러닝은 학습을 통해 기계적 기능을 점진적으로 향상시키는 알고리듬으로, 데이터를 인식하고 학습하고 추론하는 방법들의 모임이다. 현실의 데이터에서 출발하여 지식을 습득하고 규칙을 발견하여 특정 문제를 해결한다. 그 과정은 다음과 같다.

① 데이터 수집 정리 → ② 특징 추출 → ③ 머신러닝 알고리듬을 적용하여 학습 → ④ 학습 모델의 적용

학습은 데이터와 정답(라벨)을 제시하는 지도 학습과 데이터만 제시하고 정답을 제시하지 않은 비지도 학습, 보상(효율)이 최대가 되는 방법을 학습하는 강화 학습으로 구분된다. 구체적으로 전문가 시스템과 인공 신경망이 주로 사용된다.

---

17 Deep Learning: 심층 학습, 인간의 사고 방식을 컴퓨터에게 가르치는 기계 학습의 일종

딥러닝은 머신러닝이 진화한 개념으로, 심층 신경망[18]이라는 계층화된 알고리듬을 활용한다. 인공 신경망은 인간의 뇌 기능을 모사하여 개발된 수학적 알고리듬이며, 데이터를 입력하는 입력층과 입력한 데이터를 학습하는 수 개의 은닉층 그리고 결과의 범주를 결정하는 출력층으로 구성되어 있다. 1980년대부터 신경망이 활용되었으나 2000년대 합성 신경망이 개발되면서 GNN[19], RNN[20] 등으로 꾸준히 발전해 왔다.

딥러닝은 자체 신경망을 통해 인간의 개입 없이 예측의 정확성 여부를 스스로 판단할 수 있다. 또한 딥러닝은 스스로 학습한다는 측면에서는 머신러닝과 동일하지만, 출력값이 비지도 학습법을 통한다는 점에서 차이가 있다. 머신러닝은 판단을 위한 특징 추출이 사람의 예측하에 알고리듬 형식으로 제공되지만, 딥러닝은 특징 추출을 자동으로 해결하는 종단간end-to-end 학습이 가능하다. 참고로 최근 AI의 총아로 떠오른 Open AI의 챗 GPT4는 생성형 비지도 학습의 트랜스포머(변환기)로서, 딥러닝의 대규모 언어 모델을 적용하여 인간과 자연어로 대화하는 AI이다.

---

18   Deep Neural Network: 입력층과 출력층 사이에 다중의 은닉층을 포함하는 인공 신경망
19   Graph Neural Network: 그래프 신경망, 그래프 데이터에 적용 가능한 신경망
20   Recurrent Neural Network: 순환 신경망

AI는 데이터를 제공하여 학습시키면 대량의 데이터를 신속하게 처리하여 적합한 결과를 도출한다. 대용량 데이터를 통해 이뤄지는 판단 및 처리 속도는 사람보다 훨씬 빠르다. 또한 숫자, 문장, 음성, 그림, 영상 등 모든 대용량 데이터를 처리할 수 있다.

AI는 학습 가능한 데이터의 축적, 고성능 컴퓨팅이 가능한 반도체의 발달 그리고 새로운 알고리듬에 따라 지능이 제고될 것이며, 역할이 확대되면서 AI 시장도 크게 성장할 것이다.

AI는 4차 산업 혁명의 핵심 동력일 뿐 아니라 기존 산업에도 혁신을 불러일으키는, 미래 산업 경쟁력과 국가 안보를 좌우할 핵심 기술이다. 일례로, 아디다스는 신발 주문 제작 기간을 1개월에서 단 1일로 단축시켰고, 페르미연구소[21]는 중성자 분석 기간을 수개월에서 단 하루로 단축시켰다. 이와 같이 AI는 우리의 삶과 일하는 방식을 근본적으로 바꿔 놓을 것이며, 일자리의 구조 역시 크게 변화시킬 것이다.

---

21 Fermi National Accelerator Laboratory: 미국에너지국 산하 국립 연구 기관, 공식 명칭은 페르미국립가속기연구소

지금의 AI는 인간이 만든 프로그램을 통하지 않으면 그 어떤 것도 할 수 없다. 이런 상황은 앞으로 상당 기간 지속될 것이다. 이러한 AI를 약한 인공지능이라고 부른다. 그러나 상당히 먼 미래에는 인간 수준의 지능을 보유한 강한 인공지능인 범용 인공지능이 출현할 것으로 예측된다. 더 나아가 인간의 능력을 월등하게 추월한 초인공지능이 출현할 수 있다는 두려움도 일부 존재한다. AI의 대부라 불리는 제프리 힌턴 박사는 챗 GPT 3.5의 출현을 보면서 미래에 AI가 악용될 수 있다고 말했다.

그러나 AI가 인간의 미래를 발전시키는 방향으로 발달하리라고 보는 시각이 대다수이다. 약한 AI가 활용되는 지금도 AI 윤리를 제정하여 AI의 악용을 방지하자는 주장이 활발하게 논의되는 점을 볼 때, 이러한 노력이 중첩된다면 인류는 AI를 확실하게 통제할 것이라고 본다. 더욱이 진화론적으로 볼 때 인간은 존재적인 위험을 성공적으로 극복해 왔으며, 그 위험을 예견하고 제도화를 통해 통제할 수 있는 탁월한 DNA가 있다고 본다. 그러나 다른 시각을 갖는 전문가들의 의견도 경청하며 AI의 위험성을 제거하는 제도적인 장치를 정교하게 마련해야 할 것이다.

미국 가트너사[22]가 추정한 AI 관련 기술의 성장 사이클을 보면, AI의 기초 기술들은 여러 번의 굴곡을 거치면서 안정되어 왔고, 이를 기반으로 AI는 중요 산업으로 자리 잡고 향후 크게 성장할 것으로 예측된다.[23]

이에 더하여 2023년에는 챗 GPT 3.5가 출시되면서 AI는 가트너사의 예측을 뛰어넘어 급속도로 성장하며 그 영역을 확대하고 있다. 그리고 산업의 중심으로 이동하면서 산업 지도를 바꿔놓을 정도로 성장을 가속하고 있다. 글로벌 시장 조사 업체 마켓앤마켓에 따르면 세계 AI의 시장 규모도 2022년 869억 달러(약 120조 원) 수준에서 매년 36.2% 성장하여 2027년에는 4070억 달러(약 529조 원) 수준에 도달할 것으로 예측된다. 대표적으로 의료 분야가 컴퓨터 비전 기술의 혜택을 받을 것으로 전망된다.

---

22 Gartner: 미국의 정보 기술 연구 자문 기업
23 Hype Cycle for AI 2022

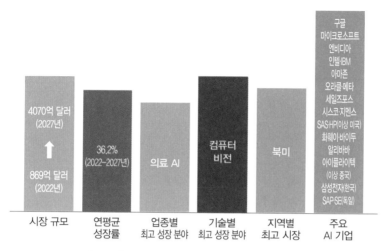

4070억 달러 (2027년) ↑ 869억 달러 (2022년)

36.2% (2022~2027년)

의료 AI

컴퓨터 비전

북미

구글 마이크로스프트 엔비디아 인텔·IBM 아마존 오라클·메타 세일즈포스 시스코·지멘스 SAS·HP(이상 미국) 화웨이·바이두 알리바바 아이플라이텍 (이상 중국) 삼성전자(한국) SAP·SE(독일)

| 시장 규모 | 연평균 성장률 | 업종별 최고 성장 분야 | 기술별 최고 성장 분야 | 지역별 최고 시장 | 주요 AI 기업 |

[그림 2] 마켓앤마켓 2027년 세계 AI 시장 규모 예측

AI 반도체란 무엇인가

1) AI의 성능

AI는 사물 인터넷(IoT), 카메라, 인터넷 기기 및 스마트폰 등의 에지 디바이스로 획득한 데이터를 중앙 처리 장치인 서버를 통해 가공, 학습, 추론 과정을 거친 뒤 도출된 최종 해법을 제공한다.

AI 기술은 학습 가능한 대용량 데이터 축적과 고성능의 컴퓨터 및 적합한 알고리듬의 개발을 통해 혁신을 계속해 오고 있다. AI의 방대한 데이터 처리는 AI에 내장된 반도체의 성능과 알고리듬에 의존한다. AI용 반도체는 대용량 데이터를 신속하게 처리해야 하므로 광대역으로 병렬 처리해야 하며, 전력의 사용을 대폭 줄여야 한다. 이러한 속성은 향후 반도체의 개발 방향에 큰 변화를 초래할 것이다.

2) 반도체 수요의 창출 동력

반도체의 수요는 데이터가 대량으로 증가하고, 그 중요성이 커지면서 이를 처리하는 PC, 스마트폰 등 다양한 스마트 기기의 발전에 의해 창출되어 왔다. 한동안 이러한 시스템 시장이 정체되면서 반도체 수요 또한 정체되었는데, 향후 자율 주행 차량, AI 및 로봇 등이 새로운 반도체 수요를 폭발적으로 성장시킬 것으로 예측된다.

KISDI[24]에 의하면 AI 반도체 시장은 2022년 326억 달러에서 2030년 1179억 달러 규모로 성장할 것으로 전망된다. 2030년에는 AI용 반도체 시장이 전체 반도체 시장의 30%로 성장할 것으로 예측된다. 실제로 Open AI의 챗 GPT 3.5의 학습을 위해 엔비디아의

---

24 Korea Information Society Development Institute: 정보통신정책연구원

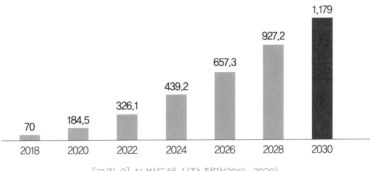

[그림 3] AI 반도체 시장 전망(2018-2030)

GPU A100이 1만 개 사용되었고, 향후 상용화를 위해서는 3만 개 이상이 필요하다는 점은 AI 반도체 시장의 성장성을 단적으로 보여 준다.

AI 반도체 수요 구조와 창출 동력을 쉽게 이해하기 위해서는 우선 PC와 스마트폰 및 AI의 핵심 부품인 CPU, AP 및 GPU의 기본 구조를 이해해야 한다.

(1) CPU는 제어 기능, 연산 기능, 기억 기능으로 구성되어 있다. 다른 기능들은 주변 기능으로 분산시켰다.

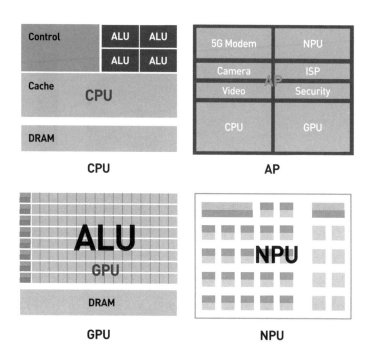

[그림 4] AI 반도체의 핵심 부품 기본 구조

(2) AP는 스마트폰의 특성상 주기능은 물론 주변 기기의 기능을 통합하여 하나의 칩에 모두 내장시켰다.

(3) GPU는 제어 기능을 극소화시키고 연산 기능을 극대화시키기 위해 처리 기능을 분산시켜 병렬 처리하면서 기억 기능을 통합했다.

(4) NPU는 GPU의 구조에서 연산 기능을 더욱 분산시켜 AI에 특화시킨 반도체이다. 인간의 뇌가 정보를 처리하는 방법을 최대한 모방했다. 행렬 연산에 특화되어 AI의 딥러닝 알고리듬 연산에 최적화되었으며, 빅데이터를 사람처럼 빠르게 처리할 수 있다. GPU보다 가격과 소비 전력이 4분의 1 수준이다.

이처럼 시스템의 중앙 처리 장치의 기능적·구조적 차이가 내장 반도체의 특성 차이를 만든다. AI용 반도체는 대용량 데이터를 신속하게 처리하고 소비 전력을 최소화해야 하는 특성상 분산 처리에 적합한 병렬 처리와 광대역 입출력, 저소비 전력을 선호한다.

3) AI 반도체의 요건

AI는 인식·학습·추론이라는 지능화를 충족하도록 반도체를 특화시켜 왔다. AI 반도체는 PC나 스마트폰에 사용되는 반도체와는 주기능이 다르고, 그에 따라 반도체의 셀 구조도 다르다.

AI 반도체는 일반적으로 딥러닝을 잘 수행할 수 있는 반도체로 정의된다. 부연하면 AI 반도체는 데이터 센터 서버나 에지 디바이스에서 심층 신경망 알고리듬을 보다 효율적으로 계산하는 데 최적화된 반도체를 의미한다. GPU, FPGA[25], ASIC[26], ASSP[27], NPU 등이 이에 해당되며, 1-4개의 코어들이 순차 연산을 하는 CPU도 광의의 AI 반도체에 포함된다.

AI에 최적화된 AI 반도체는 방대한 데이터를 효율적으로 신속히 처리하는 방향으로 진화해 왔다. 성능은 좋지만 데이터를 순차적으로 처리하는 CPU보다 연산의 난이도는 매우 낮지만 방대한 양의 데이터를 병렬로 고속 처리할 수 있는 GPU가 AI의 지능을 높이는 데 더 적합하다.

AI에 사용하는 메모리도 입출력이 용이한 고대역폭 메모리가 선호되며, 방대한 데이터를 효율적으로 처리할 수 있는 저소비 전력이어야 한다. 현재 AI의 학습과 추론 과정은 대부분 데이터 서버에서 실행되고 있으며, 앞으로는 데이터 서버로부터 분산되어 에지 디바이스에서 AI 연산이 수행되는 경우가 점차 증가할 것으로 보인다.

---

25 Field-Programmable Gate Array: 설계 가능 논리 소자와 프로그래밍이 가능한 내부 회로가 포함되어 있는 반도체 소자

26 Application Specific Integrated Circuit: 주문형(맞춤형) 반도체

27 Application Specific Standard Product: 범용 반도체

데이터 서버용 반도체는 AI의 인식, 학습, 추론에 모두 사용할 수 있다. 그러나 자율 주행 차량, 로봇 & AI 및 스마트 가전 등의 에지 디바이스용 반도체는 학습용으로는 제한적이며, 주로 인식 및 추론에 사용될 수 있을 것이다. 우주 탐사, 심해 탐사, 항공 등은 서버를 사용하기에 부적절한 환경이라 분산 처리하는 에지 AI를 활용한다.

이처럼 AI 반도체는 하드웨어 성능에 알고리듬을 내장하는 방향으로 확대되다가 결국엔 AI에 특화된 AI 전용 반도체가 개발될 것으로 보인다. 주요 기능은 광대역의 병렬 처리를 심화시키고 소비 전력을 최대한 줄이는 방향으로 갈 것이다.

AI 반도체는 반도체 기업뿐만 아니라 반도체를 실제로 사용하는 시스템 기업들도 자체적으로 개발 중이며, 그러한 반도체는 자사 시스템에 전문화된 ASIC 반도체가 될 것이다. 그리고 초고성능 AI 전용 반도체가 개발된다면 AI의 지능은 큰 폭으로 향상될 것이다.

4) AI 반도체

출처: 과학기술정보통신부

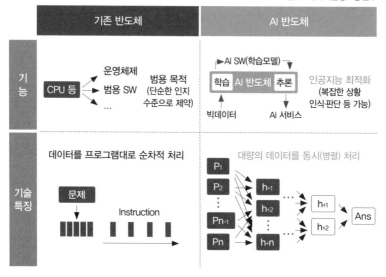

[그림 5] 기존 반도체와 AI 반도체의 비교

AI 반도체란 AI 알고리듬에 최적화된 반도체를 말한다. AI 반도체를 기존 반도체와 비교한 [그림 5]를 보면 AI 반도체의 기능과 기술 특징을 잘 이해할 수 있다.

(1) AI 반도체에는 이미 설명한 CPU와 GPU 그리고 NPU가 있으며, 구글이 자사 전용으로 개발한 TPU도 있다. 그리고 최근에 개

발되기 시작한 뉴로모픽 칩[28]이 있다. 또한 프로그램을 외부 수정할 수 있는 FPGA와 외부 수정할 수 없는 ASIC/ASSP의 형태로 개발된다.

(2) FPGA는 외부에서 프로그래밍이 가능한 반도체이다. 일반적인 프로세서는 보편적인 목적에 맞게 설계하여 양산하는데, FPGA는 특정 제품에 최적화시킨 프로세스 및 내부 연산 처리 로직을 직접 설계하여 처음 구동 시 제품에 로딩하여 사용하는 방식이다. 입력 후 물리적인 변경 없이 연산 처리 장치의 수정이 가능하다. NPU는 FPGA나 아래의 ASIC 형태로 개발된다.

(3) ASIC는 독자적인 프로그램을 내장시킨 반도체이며, 보통 주문형 반도체라고 부른다. 주문자가 원하는 기능만 최소한으로 새겨 넣은 관계로, 주문자가 원하는 수준의 퍼포먼스를 실행하면서 가장 작은 크기의 저소비 전력의 반도체를 만들 수 있다. ASIC의 적용 범위를 확대하여 범용성을 인정받은 제품이 ASSP이다.

---

28 Neuromorphic Chip: 인간의 뇌가 작동하는 방식을 차용해서 만든 반도체 칩으로, 사전적으로 '신경의 형태를 가진 칩'이라는 뜻

⑷ 미국의 빅테크 기업들은 자사 시스템의 성능을 차별화하기 위하여 고유한 AI 반도체를 독자적으로 개발하고 있는데, 이들은 주로 ASIC이다.

⑸ TPU[29]는 구글이 머신러닝 알고리듬에 특화시켜 맞춤 개발한 전용 칩[ASIC]으로, NPU 개념을 원용했다. 구글에서 자체 개발한 AI 머신러닝 엔진인 텐서플로[30]에 최적화되도록 제작되었다. 구글에 따르면 TPU는 특정 조건하에서 최신 GPU·CPU보다 15-30배 정도 빠르고, 소비 전력[1W]당 AI 연산 성능은 30-80배 정도 높다. 참고로 TPU는 2016년 이세돌 9단과 붙었던 '알파고 리'와 '알파고 제로' 등에 장착되었다.

TPU는 자연어 처리, 컴퓨터 비전, 음성 인식 등에 사용되었고, AI 음성 비서인 구글 어시스턴트와 구글 번역기, 구글 지도 등에도 활용되었다.

⑹ 뉴로모픽 칩은 인간의 뇌 신경 구조를 모방하여 개발한 반도

---

29 TensorFlow Processing Unit

30 TensorFlow

체 소자이다. 인간의 뇌는 1000억 개 이상의 뉴런과 100조 개 이상의 시냅스로 정보를 처리하고 저장한다. 이러한 뇌 신경 구조를 반도체 집적 회로 기반의 하드웨어로 모방한 것이 뉴로모픽 칩이다.

인공 신경망 반도체 소자를 개발하고 이를 뉴로모픽 칩까지 발전시킬 경우 궁극적으로 메모리 반도체의 기능과 함께 시스템 반도체의 연산 능력까지 갖춘 신개념의 컴퓨터 시스템을 창출할 수 있다. 뉴로모픽 칩이 완성되면 인간의 뇌처럼 기억과 연산을 초저전력으로 처리할 수 있다.

(7) GPGPU[31]는 그래픽 처리 단위의 범용 연산을 뜻하는 약자로, GPU를 CPU의 연산에 응용해 연산 속도를 향상시키는 기술이다. GPU는 기본적으로 그래픽 카드의 핵심으로, 이미지나 동영상, 게임 등 그래픽과 관련된 처리를 하는 게 주임무이다.

그리고 GPU의 주임무에서 벗어나 CPU의 다양한 연산을 돕도록 하는 것이 GPGPU이다. GPGPU는 엔비디아가 자체적으로 개발한 소프트웨어 CUDA 플랫폼 위에서 작동되는데, 바로 CUDA로 인해 엔비디아가 AI 반도체의 최강자가 될 수 있었다.

---

31 General-Purpose computing on Graphical Processing Unit

(8) HBM은 AI이 부상하면서 진화한 메모리 반도체이다. AI가 대용량 데이터를 처리하는 과정에서 데이터가 이동할 때 병목 현상이 발생하여 처리 장치^{GPU}의 속도가 느려지는데, HBM은 바로 이런 현상을 개선하기 위해 개발한 일종의 메모리 반도체이다.

HBM은 데이터 이동의 폭을 증가시켜 처리 장치의 처리 속도가 느려지는 것을 방지하고, PIM은 연산 기능을 메모리 반도체 내부에 집적시켜 데이터의 이동 거리를 줄임으로써 처리 속도의 저하를 방지한다. 두 제품은 AI의 부상에 대한 메모리 반도체의 대응으로, AI 처리 장치의 성능을 향상시켜 향후 반도체 시장의 큰 변수가 될 것으로 보인다.

한국 반도체 산업의 AI 대응 전략

AI 반도체는 10년 후 2000억 달러 이상의 시장으로 성장하면서 전체 반도체 시장을 메모리 반도체, 시스템 반도체와 함께 3분할을 할 것으로 예측된다.

그리고 AI 반도체는 대용량 데이터를 신속하게 처리하는 것이 우선이므로 데이터의 병렬 처리, 광대역 입출력, 데이터 저장 및 단말기의 연결, 극저소비 전력 및 AI 지능 향상을 지향하고 있다. 이에 맞추어 GPU, HBM, ASIC 및 NPU 반도체의 수요가 큰 폭으로 상승할 것이다.

한국의 반도체 산업은 이러한 AI 반도체 시장의 발전 방향과 상황을 철저하게 이해하고 변화하는 반도체 시장의 니즈에 적절하게 대응해야 한다.

AI의 성장으로 반도체 산업은 AI 연산 기능을 강화하는 AI 반도체 시장과 AI가 처리하는 대용량 데이터를 입력·저장·출력하는 메모리 반도체 시장으로 나뉘어 급속도로 성장할 것이다. 또한 연산 기능과 저장 기능을 조합한 새로운 반도체 기술이 출현할 것이며, 그 과정에서 효율 증가, 고속 처리, 저전력 소비의 반도체 기술이 시장의 주목을 받을 것이다.

AI의 부상은 한국 반도체 산업에게 새로운 도약의 기회로 작용할 수 있다. 이를 위해 우선 메모리 반도체의 축적된 역량을 활용하여 성장하는 메모리 시장의 점유율을 높여야 한다. 그러면서 메모리 반도체의 첨단 기술을 활용해 시스템화되는 메모리 반도체 시장을 선점하고, 지속적으로 주도해야 한다.

AI의 부상으로 반도체 시장은 시스템 반도체가 주를 이루는 시장으로 변해갈 것이다. 다행인 것은 시장이 단순한 시스템 반도체가 아니라 메모리 기능과 기술이 내재된 메모리성 시스템 반도체 시장으로 변해간다는 점이다. 이것은 한국 반도체 산업에 큰 기회일 수 있다. 메모리 기능이 주류가 되어 시스템 반도체가 개발될 것으로 예측되기 때문이다. 그리고 그렇게 되도록 한국 반도체 산업이 변해야 한다. 다시 말해, 한국 반도체 산업은 메모리 반도체를 지속적으로 주도하는 한편, 시스템 반도체 시장 또한 선점하고 주도해야 한다. 이렇게 함으로써 한국 반도체 산업의 숙원이었던 시스템 반도체 시장을 공략하고, 메모리 반도체 일변도에서 벗어나 메모리 반도체와 시스템 반도체를 동시에 공략하는 한국 반도체 산업으로 '체질 혁신'을 이루어 낼 수 있다.

한국 반도체는 시스템 반도체 분야에서 성공할 수 없다는 비관적인 시각을 깰 수 있는 절호의 기회를 AI가 제공하고 있다. 한국이 선진국 대열에 안착하기 위해서는 반도체 강국이 되어야 하며, 메모리 반도체와 시스템 반도체의 기술과 시장을 장악해야 한다.

시스템 반도체는 선택 사항이 아닌 필수 사항이다. 따라서 이런 기회를 공격적으로 활용하여 시스템 반도체에 진출하고, 파운드리 산업을 성장시키고, 팹리스 반도체 설계 산업을 육성해야 한다. 그런 기세로 시스템 반도체 강국으로 도약해야 한다. 한국의 저력으로 충분히 가능하다. 어떤 비전을 가지고 기업과 정부 그리고 기술 집단들과 사회가 전략적으로 힘을 모으냐에 달려 있을 뿐이다.

부록

1. 반도체의 개념과 공정, 제조 및 개발 용어 정리
2. 전 세계 반도체 대표 기업과 특징

1. 반도체의 개념과 공정, 제조 및 개발 용어 정리

1) 반도체의 개념

(1) 반도체 半導體, Semiconductor

도체와 부도체의 중간 개념으로, 부도체이지만 빛 또는 열을 가하거나 특정 불순물을 주입하면 도체가 되는 물질이다. 이러한 특성을 활용하여 물질의 성능을 조절하는 것을 반도체라고 한다.

도체는 인위적으로 전기의 흐름을 조절하기가 용이하지 않지만, 반도체는 물질의 전기 전도도를 용이하게 조절할 수 있다.

(2) 실리콘 Silicone

주기율표의 4번째 족에 속하는 4족 원소로, 서로 이웃한 전자끼리 공유를 통해 굳게 결합하고 있어서 전자가 움직일 수 없어 부도체의 성질을 갖는다. 이처럼 불순물을 첨가하지 않은 순수한 반도체를 진성 반도체 Intrinsic Semiconductor라고 한다.

진성 반도체에 인[P], 붕소[B] 등의 불순물을 주입하면 전류가 흐르게 된다. 불순물에 들어 있는 전자나 정공이 전류를 흐르게 하는 매개체 역할을 하는데, 불순물을 일정량 첨가함으로써 전기적 특성을 조절할 수 있다.

이처럼 불순물로 전기적 전도도를 조절할 수 있는 반도체를 불순물 반도체라고 하며, 이것을 활용하여 반도체 소자를 만든다.

(3) 반도체 집적 회로IC, Integrated circuit

다수의 트랜지스터와 저항, 커패시터[1]를 하나로 집적시킨 제품으로서, 시스템을 제어하거나 정보를 기억하는 일을 수행한다.

트랜지스터, 저항, 커패시터를 한곳에 집적시킨 집적 회로가 불완전하고 고가인 진공관을 대체했고, 진화를 거듭하여 발명된 지 70여 년만에 오늘날의 초집적 반도체[2]로 발전하였다.

2) 반도체의 기능

반도체의 기능은 크게 전기 신호의 처리와 데이터의 처리로 나눌 수 있다.

전기 신호의 처리는 정류, 증폭, 변환을 통해 이루어진다. 우선

---

1 Capacitor: 축전기 혹은 콘덴서
2 Ultra Large Scale Integrated Circuit

'정류'는 교류를 직류로 바꾸어 주는 것을 말하는데, 이러한 정류 기능을 하는 반도체를 다이오드diode라고 한다.

전기 신호를 이동시키다 보면 전기 신호가 점점 약해진다. 이렇게 약해지는 전기 신호를 원상태 이상으로 키워 주는 것을 '증폭'이라고 하고, 이런 정류 반도체를 트랜지스터라고 한다.

전기 신호는 필요에 따라 빛이나 소리 등으로 바꾸어 줄 필요가 있다. 또한 반대로 빛이나 소리를 전기로 바꾸어 줄 필요도 있다. 이러한 기능을 '변환'이라고 하는데, LED 반도체나 CCD[3], CIS 반도체가 이러한 변환 기능을 수행한다.

데이터의 처리는 데이터의 전환, 저장, 연산, 제어를 말한다. 정보는 아날로그와 디지털로 나뉘며, 반도체는 아날로그를 디지털로 '전환'해 주는 역할을 수행한다. 반도체는 정보를 프로그램화하여 저장, 보관, 출력할 수 있는데, 이러한 기능을 하는 반도체를 '메모리 반도체'라고 한다. D램과 플래시 메모리가 이에 해당한다. 논리와 연산 제어 기능 등을 수행하는 반도체를 '시스템 반도체'라고

---

3 Charge Coupled Device: 전하 결합 소자

한다. 전자 계산기 안에서 수치 정보를 연산하는 데 사용되는 반도체를 논리 반도체라고 한다.

기계나 설비가 정해진 순서에 따라 동작하는 것을 '제어'라고 하는데, 이 제어 기능을 수행하는 반도체도 '시스템 반도체'이다. 모든 제품의 제어 기능을 담당하는 뇌에 해당된다고 볼 수 있다. 대표적으로 MPU, MCU가 있다. 시스템 반도체는 스마트폰, 가전제품, 전기 장치 분야 등 응용처가 다양하다.

3) 반도체의 사용

반도체로 인해 각종 전자 제품부터 스마트폰, 통신, 전자 장비, 스마트 차량 및 AI 제품들이 탄생했다. 그리고 첨단 무기 산업과 우주 개발 산업의 발전에도 크게 기여하고 있으며, 새로운 정보 기기 제품들을 탄생시키고 있다.

4) 반도체 개발 및 제조 과정

반도체 칩Chip은 트랜지스터, 다이오드 같은 개별 소자들을 집적하여 제조한다. 제조하는 과정은 아파트를 건설하는 과정과 비슷하다. 시장에서 요구하는 아파트의 개념을 정리하고 이를 바탕으로 아파트를 설계한 뒤 설계도에 따라 아파트의 기초를 건설하여 1층부터 꼭대기 층까지 한층, 한층 건설해 간다. 여기서 각층의 방들은 개별 소자[4]들이며, 방과 층이 중첩되어 아파트가 되듯이 반도체 칩이 완성된다. 개별 소자들은 배선을 통해 서로 연결되어 있으며, 전기가 통하고 CPU에 의해 통제된다.

반도체의 구체적인 개발 과정은 아래와 같다.

(1) 반도체 설계

반도체 시장 및 고객의 요구에 적합한 반도체 집적 회로를 설계, 개발한다. 개발 단계에 따라 제품 기획Product Plan, 구조 및 시스템 설계, 회로 설계, 회로 도면lay-out 설계, 반도체 집적 회로의 검증 및 평가의 과정을 거쳐 반도체의 설계가 완성된다.

이러한 설계는 수십억 개 트랜지스터의 개별 소자가 포함되기 때문에 당연히 수작업으로는 불가능하며 설계 전용 소프트웨어 툴이 필요하다. 이를 위해서 EDA[5] 툴과 PDK[6] 툴이 활용된다.

---

4 Discrete Device, 個別素子
5 Electrical Design Automation
6 Process Design Kit

(2) 반도체 제조 공정 Wafer Fabrication

설계도에 따라 웨이퍼 위에 다음 4개의 주요 공정을 반복적으로
진행하여 반도체 칩을 제조한다.

- 산화 공정: 웨이퍼 위에 산화막을 형성하여 웨이퍼를 보호하
  고 절연시킨다.
- 사진 공정: 웨이퍼의 산화막 위에 감광액을 도포한 후 마스크[7]
  를 사용하여 자외선을 선택적으로 통과시킨다.
- 식각 공정: 자외선이 통과한 감광층 부분만 화학 약품으로 깎
  아낸다.
- 증착 공정: 깎아낸 부분에 인이나 붕소 같은 불순물을 주입하
  여 전기가 흐를 수 있도록 한다.

위의 4개 공정이 끝나면 반도체 칩 한 층이 완성된다. 이 공정을
반복적으로 작업하여 반도체의 집적도를 높여 골격을 형성시킨
뒤 마지막으로 금속을 배선하여 칩의 제조를 완성한다. 이러한 제

---

7 Mask: 자외선 차단 혹은 통과 기능

조 과정 전체를 반도체 제조 공정이라고 한다.

이 공정 과정에서 최첨단의 다양한 장비와 설비, 정밀 화학 약품들과 소재들이 사용된다. 이렇게 제조된 웨이퍼에는 수많은 칩이 한 층에 모여 있고, 후공정인 패키징 공정을 지나면서 절단과 패키징 검사를 통과하여 개별 반도체 제품으로 완성된다.

(3) 웨이퍼 테스트Wafer Test, EDS 공정

제조된 웨이퍼 위 각 칩들의 성능을 검사하여 양품과 불량품으로 구별해서 표시한 뒤 다음 조립 공정으로 이관한다.

(4) 패키징 공정

성능 검사를 마친 웨이퍼는 절단된 뒤 각각 특수 포장되어 최종 검사를 위해 다음 공정으로 이관된다.

(5) 최종 검사 공정

패키징되어 이관된 반도체 완제품들은 검사 공정에서 최종적으로 양품과 불량품으로 구분되고, 양품은 보관 창고를 거쳐 판매용으로 시장에 공급된다.

(6) 완성된 칩을 모듈화하여 시장에 공급되는 메모리 모듈링[8]은 본 기술에서 제외한다.

2. 전 세계 반도체 대표 기업과 특징

1) 한국 대표 반도체 기업: 삼성전자

삼성전자三星電子, Samsung Electronics Co., Ltd.는 전자 제품과 가전제품 및 메모리 반도체 등을 생산하는 한국의 대표적인 제조 기업으로, 메모리 칩과 시스템 온 칩SoC, 로직 칩 등 다양한 반도체를 생산하는 세계 최대 반도체 제조업체 중 하나이다. 그리고 현재 삼성전자에 가장 큰 이익을 가져오는 사업 부분은 바로 메모리 반도체 부분이다.

1969년 설립된 삼성전자는 1974년에 한국반도체를 인수하며 반도체 사업에 진출했다. 1980년에는 한국전자통신을 인수했고,

---

8 Memory Moduling

1983년에는 이병철 회장이 반도체 사업에 대대적인 투자를 한다는 내용의 도쿄 선언을 발표했다. 같은 해에 미국, 일본에 이어 세계에서 세 번째로 64K D램을 개발하는 기염을 토했다. 이를 계기로 10년 이상의 격차를 보이던 한국 반도체 기술 수준이 3년 정도로 크게 단축되었다. 그리고 이때 이루어진 메모리 반도체 사업에 대한 투자가 오늘날 삼성전자의 기틀이 되었다.

반도체 가격 폭락이라는 악조건 속에서도 1986년에 1M D램 개발에 성공한 삼성전자는 해외에 생산 법인, 연구소 등을 설립하며 세력을 확장했다. 그리고 1990년에는 16M D램 시제품을 개발하는 데 성공했고, 이듬해에 상용 제품을 개발했다. 이를 계기로 미국과 일본의 반도체 기업들은 삼성전자의 독자적인 기술력을 공식적으로 인정하게 되었다.

1992년에는 세계 최초로 64M D램을 개발했으며, 1993년에는 세계 1위의 메모리 반도체 생산업체로 부상했다. 1994년에는 256M D램, 1996년에는 1G D램, 2001년에는 4G D램을 세계 최초로 개발하며 반도체를 한국의 대표 산업으로 만들었다. 특히 64M, 256M, 1G, 4G D램의 4세대를 연속해서 개발한 세계 최초 기업이라는 타이틀을 손에 넣게 되었다. 이처럼 삼성전자는 경쟁 기업들보다 1년에서 1.5년 앞선 기술력을 보유했고, 이를 바탕으로 제품 생산 시기를 주도적으로 결정했다.

이즈음 삼성전자는 플래시 메모리 시장에도 진입했다. 그래서 1996년에는 64M, 1998년에는 128M, 1999년에는 256M 제품을 잇달아 개발하면서 기술력을 빠르게 쌓아갔다. 또한 1996년에 비메모리 분야에도 본격적인 투자를 시작했다.

1998년에는 세계 최초로 256M D램(2세대), 4G 반도체 전공정 기술 및 64M 램버스 D램 모듈을 개발했다. 이듬해에는 세계 최초로 256M D램을 양산했고, 낸드 플래시 메모리에서 세계 1위에 올랐다. 그리고 2003년에는 플래시 메모리에서 세계 1위를 기록했다.

2006년에는 세계 최초 50나노 D램, 2007년에 세계 최초 30나노 64GB 낸드 플래시 개발에 성공하면서 메모리 업계 점유율 30%를 넘기며 절대 강자로 군림하게 되었다. 2009년에는 세계 최초로 40나노 D램을 개발했고, 2011년에는 세계 최초 20나노 SSD 830시리즈를 개발했다. 이에 발맞춰 삼성전자는 반도체 산업에 대한 투자 규모를 늘려갔다.

2013년에는 세계 최초로 20나노 4G 초고속 모바일 D램을 양산했고, 이듬해에는 세계 최초로 20나노 D램과 2세대 3D V낸드를 양산하기 시작했다. 2017년에는 세계 최초로 2세대 10나노(1y나노) D램을 본격 양산했다. 2020년 AI·차세대 슈퍼컴퓨터용 초고속 D램을 출시했다.

2022년에는 세계 최초로 GAA 기술을 적용한 3나노 파운드리 공정 기반의 초도 양산을 시작했고, 업계 최고 속도인 24Gbps GDDR6[9] D램을 개발했다. 동적 랜덤 액세스 메모리와 낸드플래시 메모리를 포함한 삼성전자의 메모리 칩은 스마트폰, 노트북, 서버와 같은 전자 기기에 널리 사용된다.

또한 삼성전자는 메모리 칩 외에도 스마트폰, 태블릿, 웨어러블 기기 등 다양한 전자 기기에 사용되는 SoC도 생산한다. 삼성의 엑시노스 프로세서는 자체 스마트폰 및 기타 장치에 널리 사용되고 있으며, 다른 회사에 SoC를 공급하는 주요 공급 업체이기도 하다.

AI, 자동차, 네트워킹 등 다양한 애플리케이션에 사용되는 삼성

---

9 Graphics Double Data Rate

전자의 로직 칩도 반도체 포트폴리오의 핵심 부분이다. 삼성전자는 이 분야에서 경쟁력을 유지하기 위해 극자외선^{EUV} 리소그래피 기반 칩을 비롯한 첨단 로직 칩 개발에 많은 투자를 하고 있다.

앞으로 삼성전자는 한국 용인의 P3 단지와 같은 R&D 및 생산 시설에 대한 지속적인 투자를 통해 기술 리더로서의 입지를 유지하고 증가하는 반도체 수요를 충족시킬 수 있을 것으로 기대된다. 또한 파운드리 시장에서의 도약을 위해 반도체 에코 시스템을 개선하려고 노력 중이다.

2) 미국 대표 반도체 기업: 인텔

세계 최고의 반도체 제조업체 중 하나인 인텔은 1968년에 로버트 노이스[10]와 고든 무어[11]에 의해 설립된 후 마이크로프로세서^{microprocessor}, 칩셋, GPU, SSD 및 기타 반도체 부품 등의 설계 및 제조 분야의 선두 주자가 되었다.

인텔은 기술 업계에서 높은 평판과 브랜드 인지도를 가지고 있

---

10 Robert Noyce
11 Gordon Moore

다. 인텔의 제품은 개인용 컴퓨터, 서버, 스마트폰 및 기타 가전제품을 포함한 다양한 장치에 사용된다. 특히 마이크로프로세서는 고성능과 전력 효율성으로 유명하며, 수십 년 동안 업계 기술 발전의 선두에 서 있다.

1980년대부터 인텔은 마이크로소프트와 탄탄한 동맹 관계를 맺음으로써 오랜 시간 동안 반도체 분야의 강자로 군림할 수 있었다. 특히 '틱톡' 방식으로 불린 제조 능력과 칩 설계의 결합도 중요한 성공 요인이다. 이는 틱[12]이 발생할 때마다 톡[13]이 정확하게 결합되는 것을 말한다. 인텔은 제조, 소프트웨어, 시스템 설계의 밀접한 상호 작용을 통해 최고 지위를 지켜냈다.

하지만 2020년을 계기로 빅테크 기업들의 탈脫인텔 움직임이 본격화되면서 판도가 달라졌다. 애플은 15년간 CPU를 공급해 온 인텔과의 관계를 청산하고 자체 설계한 M1, M2 칩을 사용하기 시작했다. 마이크로소프트도 인텔에 대한 의존도를 낮추기 위해 서

---

12 제조 공정의 개선
13 효율적인 칩 설계

버 및 PC용 프로세서를 자체 개발하고 있다. 클라우드 서비스의
최강자인 아마존도 자체 CPU 개발에 힘쓰고 있다.

이러한 움직임은 PC, 태블릿, 스마트폰 등의 경계가 없어지고
CPU의 역할도 AP로 넘어가는 추세를 반영하고 있다. 결과적으로
인텔은 PC에서 모바일로 넘어가는 시류를 타는 데 실패한 셈이다.

위기를 타개하기 위해 인텔은 2021년 팻 겔싱어[14]를 CEO로 선
임했다. 겔싱어는 대규모 신규 공장 증설에 최소 수십조 원을 투자
하고 있다. 이 바탕에는 반도체 시장에서 중국을 견제하려는 미국
정부의 반도체 산업 지원 정책이 있다. 그리고 2023년에는 운영비
및 비용을 30억 달러 절감, 2025년까지 최대 100억 달러 절감을
목표로 하고 있다.

변혁의 시기에 인텔은 AI 및 자율 주행 차량과 같은 새로운 기술
에 중점을 두어 향후 몇 년 동안 업계의 리더로 남을 준비를 하고
있다.

---

14 Patrick P. Gelsinger

3) 대만 대표 반도체 기업: TSMC

1987년에 설립된 TSMC는 세계 최대의 반도체 파운드리 기업으로, 반도체 산업에서 가장 혁신적이고 성공적인 기업 중 하나이다. 2022년 4분기 TSMC의 점유율은 58.5%로, 15.8%의 2위 삼성전자보다 4배 가까이 높다.

TSMC가 훌륭한 기업으로 꼽히는 데는 몇 가지 중요한 이유가 있다. TSMC는 세계 최고 수준의 정밀도와 신뢰성을 가진 칩을 생산할 수 있는 최첨단 제조 시설을 보유하고 있다. 또 이에 걸맞은 공정 기술을 유지하기 위해 새로운 기술 개발 및 기존 기술 개선에 주력하고 있다. TSMC는 주요 고객사들과 긴밀하게 협력하며 맞춤형 솔루션을 개발하는 것으로도 유명하다. 그래서 애플, 엔비디아, AMD 등의 기업들과 함께 탄탄한 관계를 다지고 있다. 특히 애플은 아이폰, 아이패드, 맥북에 들어가는 AP를 TSMC에게 맡기고 있는데, 이는 TSMC 전체 매출의 23%를 차지할 정도이다.

TSMC는 미국 정부의 지원 아래 애리조나에 파운드리 공장을 건설하고 있으며, 2024년에는 4나노 칩을 생산하고 2026년에는 3나노 칩을 생산할 예정이다. 이미 TSMC는 신규 공장의 고객사로 애플, 엔비디아, AMD 등을 확보한 상태이다.

그리고 일본 구마모토현에도 12나노, 16나노, 22나노, 28나노 기반의 파운드리 공장을 건설 중이다. 이곳은 JASM^{Japan Advanced Semiconductor Manufacturing}[15]이 운영하며, 일본 정부의 보조금 지원을 받는다.

TSMC는 협력사와 함께 VCA[16]라는 에코 시스템을 구축하여 환경 및 사회적 책임을 다하기 위해 노력하고 있다.

4) 중국 대표 반도체 기업: SMIC

SMIC^{Semiconductor Manufacturing International Corporation}(중신궈지^{中芯國際})는 중국 최대 파운드리 기업으로, 2000년 4월에 설립되었다.

중국 반도체 굴기의 자존심으로 불리는 SMIC는 중국 반도체 핵심 기술 개발의 선두에 서 있다. 파운드리 부문 세계 1, 2위인 TSMC와 삼성전자를 맹추격하고 있으며, 중국 정부의 전폭적인 지원을 받으며 기술 개발에 박차를 가하고 있다. 2022년 12월 SMIC가 보유한 발명 특허는 총 1만 2963개이며, 7나노 첨단 공정 개발

---

15 대만의 TSMC와 일본의 소니, 덴소 합작 법인
16 Value Chain Aggregator: 가치 사슬 동맹

에 성공했다.

현재 중국은 미국의 대중 반도체 제재로 인해 반도체 육성 계획에 빨간불이 켜진 상태이다. 첨단 반도체를 육성하려던 애초의 정책이 장비 반입 제한으로 인해 제품 생산에 차질을 빚게 되었기 때문이다. 이에 대한 대응 전략이 바로 차세대 전력 반도체다. 전력 반도체는 보통 28나노 수준의 공정에서 만들며, 전기차와 태양광 등 재생 에너지 시장이 폭발적으로 성장하면서 수요가 점점 더 커지고 있다.

SMIC는 2023년 1분기 기준 세계 파운드리 시장 점유율 5위[5%]를 차지했다. 톈진에 매달 12인치 웨이퍼를 10만 개 생산할 수 있는 공장을 세우겠다고 선언하면서 '하이엔드 전력 반도체 파운드리 시장'을 개척하겠다는 포부를 밝혔다.

5) 일본 대표 반도체 기업: 키옥시아

키옥시아Kioxia Holdings Corporation는 도시바의 메모리 반도체 부문을 인수하여 설립된 일본의 반도체 기업이다. 플래시 메모리 출하량 기준 세계 2위인 키옥시아의 주력 제품은 D램과 낸드 플래시 메모리이다. D램은 컴퓨터와 스마트폰의 메모리로 사용되고, 낸드 플래시 메모리는 USB 드라이브와 SSD의 메모리로 사용된다.

    낸드 플래시 메모리 시장 2위인 키옥시아는 4위인 미국 웨스턴 디지털WDC과 합병을 위한 논의를 2023년 5월 진행 중이다. 만약 이들의 합병이 성공한다면 단순 합산으로 낸드 플래시 점유율이 1위인 삼성전자를 앞지르게 된다.

    하지만 이들 앞에는 중국이라는 거대한 산이 존재하고 있다. 2021년 두 회사의 합병 시도 당시에도 중국 정부의 반대가 극심했는데, 중국 정부가 낸드 플래시 기업인 YMCT를 키우기 위해 막대한 지원을 쏟아붓고 있는 것과 무관하지 않은 것으로 보인다.

참고 문헌

[도서 및 보고서]

- 삼성 반도체 세계 일등 비결의 해부 '선발주자 이점' 창조의 전략과 조직/ 삼성경제연구소/ 신장섭, 장성원 지음/ 2006.02.17.
- KAIST 김재철AI대학원 CAIO(Chief AI Officer) 과정 강의집 1권/ KAIST AI Kim Jaechul Graduate School/ 김재철
- KAIST 김재철AI대학원 CAIO(Chief AI Officer) 과정 강의집 2권/ KAIST AI Kim Jaechul Graduate School/ 김재철
- KAIST 김재철AI대학원 CAIO(Chief AI Officer) 과정 강의집 3권/ KAIST AI Kim Jaechul Graduate School/ 김재철
- KAIST 김재철AI대학원 CAIO(Chief AI Officer) 과정 강의집 4권/ KAIST AI Kim Jaechul Graduate School/ 김재철
- [생성 AI] 제 2의 기계 시대/ 미래에셋증권/ 2023.04.03.
- 반도체 제국의 미래/ 이레미디어/ 정인성 지음/ 2021.11.18.
- 반도체 대전 2030/ 한국경제신문/ 황정수 지음/ 2021.12.27.
- 이건희 반도체 전쟁/ 동아일보사/ 허문명 지음/ 2022.10.18.
- 2022년 국내외 반도체, 시스템 반도체 산업 및 시장분석과 해외 진출 전략 (상)/ ㈜산업경제리서치/ 신성장동력산업정보기술연구회 편저/ 2022.06.21.
- 지능형 반도체 산업 동향 및 시사점/ TTA저널 204호, 2022. 11/12월호/ 권요안(정보통신기획평가원 산업분석팀 수석)
- AI로 일하는 기술/ 한빛미디어/ 장동인 지음/ 2022.01.03.
- 쉽게 읽는 반도체 이야기 1/ 북랩/ 손진석 지음/ 2015.01.26.

- 산업부, 관계 부처 합동 '반도체 초강대국 달성전략' 발표/ 뉴스레터/ 2022. 08.18.
- 종합 반도체 강국 실현을 위한 K 반도체 전략/ 산업통상자원부/ 2021. 05.12.
- 대한민국, 반도체 신화는 계속된다!/ 메리츠 리서치 센터 보고서/ 2012. 09.11.
- 반도체 산업의 국내 경제 기여와 미래 발전 전략/ 대한상공회의소/ 2023. 01.07.
- 글로벌 반도체 공급망 재편에 따른 한국의 기회 및 위협 요인/ 한국무역협회/ 2022.12.26.
- 한국 반도체 산업의 경쟁력, 기회 및 위협 요인/ 한국무역협회/ 2019.04.02.

[기사]

- 미국, 반도체 장비·AI 반도체 중국 수출 통제 발표…"삼성·SK 별도 심사"/ 경향신문/ 2022.10.08.
- 반도체 업계 '슈퍼을(乙)', 화성 캠퍼스 첫삽 떴다/ 경인일보/ 2022.11.16.
- 삼성전자 'GAA' vs TSMC '핀펫' 차이점은? | 차별화 전략 내세우는 중국 반도체 산업/ 더구루/ 2022.11.30.
- 세계는 반도체 전쟁 중…밀려나는 한국/ 연합뉴스/ 2022.12.05.
- KAI, 중동·아프리카 수출길 마련 美대중 반도체 완화, 우리 기업에 호재될까?/ 더구루/ 2022.12.14.

- 반도체 역성장, 스마트폰 정체 길어질 듯/ 내일신문/ 2023.01.02.
- "1월에도 반도체 '수출 쇼크'… 무역 적자 127억 달러 최대"/ 헤럴드경제/ 2023.02.01.
- "알려지면 안 된다"… SK · 알케미스트의 '수상한 협업'/ SBS/ 2023.03.07.
- 美반도체법 대응, 기업부담 덜어줄 정부-국회 과제 제시를/ 동아일보/ 2023.03.27.
- 尹 발표 '수도권 300조 반도체 공장 건설'의 실상. 메모리 반도체 vs. 시스템 반도체… 차이와 경제성은? 정부의 시스템 반도체 투자 발표.. "반도체 이해 전무" 한국 소부장 지원 끊고 일본 소부장 기업 유치.. 왜?/ 딴지/ 2023. 03.29.
- 대전시, 정치권과 반도체 특화단지 당위성 확보 나선다/ 충청투데이/ 2023.03.31.
- "2월 반도체 생산 17.1%↓ … 14년 2개월만에 최대폭 감소"/ 헤럴드경제/ 2023.03.31.
- 윤 대통령, 미국 가서 이것 못하면 반도체는 끝장이다/ 오마이뉴스/ 2023.04.06.
- "반도체에서 자동차로 수출 1등이 바뀌었다"/ 헤럴드경제/ 2023.04.21.
- 결국… IRA와 반도체법 풀지 못한 윤 대통령/ 오마이뉴스/ 2023.04.27.
- "'기저효과' 반도체 생산 3월 35% 깜짝 반등"/ 헤럴드경제/ 2023.04.28.
- "반도체 기업 엔비디아, AI '헛소리' 해결 나선 이유는?"/ 서울경제/ 2023.04.29.

- 반도체 회복된다지만 1%대 성장도 불안/ 내일신문/ 2023.05.12.
- "이차전지·반도체 특화단지, 최적의 조건 경북"/ 경북매일/ 2023.05.17.
- 삼성전자, 업계 최선단 12나노급 D램 양산/ 삼성반도체/ 2023.05.18.
- 삼성 반도체, 셀 출신에 '디지털트윈' 맡긴다/ 서울경제/ 2023.05.19.
- SKC 1조 몸값 반도체 테스트 솔루션 ISC 인수한다/ 마켓인사이트/ 2023.05.19.
- 내친김에 9만전자 달려볼까? 반도체 불황 끝낸다는 '12나노' 정체는/ 매일경제/ 2023.05.19.
- 숄츠 "韓, 혁신적 반도체 주체들 보유⋯獨 투자 모든 기업 환영"/ 연합뉴스/ 2023.05.19.
- 세계서 20조원 몰려왔다, 日 반도체의 재부상/ 조선일보/ 2023.05.20.
- 尹, 인도·英과 원전·방산·반도체 협력 확대/ 전자신문/ 2023.05.21.
- 용인·성남·화성시장, "반도체·4차산업 교류"⋯ 두바이상공회의소 방문/ 세계일보/ 2023.05.21.
- 중국, 美 반도체 기업 마이크론 첫 직접 제재/ 동아일보/ 2023.05.22.
- 5월 1~20일 수출 16% 감소⋯반도체 35.5% 줄어/ 부산일보/ 2023.05.22.
- 中, 미국 마이크론에 첫 제재⋯'K반도체' 불똥튈까 우려(종합)/ 2023.05.22.
- 이천시, 정부 지정 '반도체 첨단 특화단지' 유치 총력/ 연합뉴스/ 2023.05.22.
- 尹대통령 "독일과 수소·반도체·바이오 협력⋯ 공급망 파트너십 강화"/ 조선비즈/ 2023.05.21.

- 7만전자·10만닉스 눈앞…반도체株 강세/ 파이낸셜뉴스/ 2023.05.22.
- SOL반도체소부장 ETF, 상장 보름만에 500억 돌파/ 머니투데이/ 2023.05.22.
- 반도체 설계도 AI 도움받는다…"사람보다 생산성 10배"/ 조선비즈/ 2023.05.22.
- "미국 반도체 인력 30만명 이상 부족"/ ZDNet korea/ 2023.05.22.
- 美日, 반도체·양자컴퓨터 2억 1000만 달러 공동 투자/ 파이낸셜뉴스/ 2023.05.22.
- 대신證 "외국인이 사들이는 반도체·자동차·이차전지에 올라타야"/ 조선비즈/ 2023.05.22.
- "반도체 등 대기업에 5년간 13조 세금 감면"/ 내일신문/ 2023.05.22.
- 반도체·車 등 수출 상위 품목, 경쟁력 약화/ 신소재경제/ 2023.05.22.
- "삼성서 갈고 닦은 기술로 한국 반도체 특허 확보 밑거름 될 것"/ 조선일보/ 2023.05.22.
- 삼성 "반도체도 'ESG' 필수"… 'SSTS프로그램' 참여 눈길/ 뉴데일리/ 2023.05.22.
- 日이어 英까지 반도체 육성, 초격차 기술 개발이 승부수다/ 서울경제/ 2023.05.20.
- "반도체는 국가 존망의 열쇠, 일본엔 마지막 기회"/ 조선일보/ 2023.06.19.
- 반도체 전쟁, 한국 정부의 전략은 뭔가/ 뉴스포스트/ 2031.04.16.
- TSMC, 대만 남부에 반도체 공장 신설 나서/ 연합뉴스/ 2021.11.10.

- IBM, 日반도체 대기업 연합 '라피더스'와 맞손/ 파이낸셜뉴스/ 2022.12.13.

- 반도체에 170조 원 쏟은 중국, K반도체 따라잡을 수 있을까?/ 한국일보/ 2023.06.13.

- 美 高강도 압박에… 中 '반도체 굴기 실패' 목소리/ 뉴데일리경제/ 2023. 06.22.

- 파운드리 승자독식 심화… 삼성전자-TSMC, 1분기 점유율 더 벌어졌다/ 머니투데이/ 2023.05.13.

- 세계 반도체 매출 1위… 삼성, TSMC에 내줬다/ 한경산업/ 2022.10.17.

- 17일째 美 돌며 신사업 점검… "바이오, 제2 반도체로"/ 서울경제/ 2023. 05.17.

- 메모리 재고 사상 최대, 10년來 이익 최저… 삼성·SK '동상이몽'/ 디지털데일리/ 2023.02.03.

- 삼성전자, 세계 최초 3나노 파운드리 양산/ 삼성뉴스룸/ 2022.06.30.

- '300조 걸었다' 용인에 시스템 반도체 판 벌인 삼성전자/ 매거진한경/ 2023. 03.27.

- '이건희 DNA→이재용 뉴삼성' 시급한데… "셈법 복잡"/ 뉴데일리경제/ 2023.06.08.

- '점유율 1%' K-팹리스, 챗GPT에서 설 자리 찾는다/ 아이뉴스24/ 2023.03.27.

- TSMC는 어떻게 파운드리 1등이 됐나… 삼성전자, 추격 고삐/ ZDNET Korea/ 2023.03.14.

- 일본 교도통신 "키오시아와 웨스턴디지털 합병 논의 막바지 조율 중"/ 비즈니스포스트/ 2023.06.02.
- 키옥시아와 웨스턴 디지털, 반도체 시장 재편 위해 합병 협상 중/ 글로벌이코노믹/ 2023.06.04.

이기는 지키는 넘어서는
K 반도체

초판 1쇄 인쇄 2023년 8월 10일
초판 1쇄 발행 2023년 8월 22일

지은이 최수
발행인 강선영·조민정
디자인 강수진
펴낸곳 (주)앵글북스
주소 서울시 종로구 사직로8길 34 경희궁의 아침 3단지 오피스텔 407호
문의전화 02-6261-2015 **팩스** 02-6367-2020
메일 contact.anglebooks@gmail.com

ISBN 979-11-87512-87-5 03320